余松烈

小麦栽培学家

余松烈院士
科学人生

于振文 主编

山东科学技术出版社

图书在版编目（CIP）数据

小麦栽培学家余松烈院士科学人生/于振文主编．
—济南：山东科学技术出版社，2020.12
　ISBN 978-7-5723-0227-5

Ⅰ．①小… Ⅱ．①于… Ⅲ．①余松烈（1921-2016）-生平事迹 Ⅳ．①K826.3

中国版本图书馆CIP数据核字(2020)第240203号

山东泰山科技专著出版基金资助出版

小麦栽培学家余松烈院士科学人生
XIAOMAI ZAIPEIXUEJIA YU SONGLIE YUANSHI KEXUE RENSHENG

责任编辑：张　波　孙　佳
装帧设计：侯　宇

主管单位：	山东出版传媒股份有限公司
出 版 者：	山东科学技术出版社
	地址：济南市市中区英雄山路189号
	邮编：250002　电话：（0531）82098088
	网址：www.lkj.com.cn
	电子邮件：sdkj@sdcbcm.com
发 行 者：	山东科学技术出版社
	地址：济南市市中区英雄山路189号
	邮编：250002　电话：（0531）82098071
印 刷 者：	山东新华印务有限公司
	地址：济南市世纪大道2366号
	邮编：250104　电话：（0531）82079112

规格：大16开（210mm×285mm）
印张：10　字数：300千　印数：1~500
版次：2020年12月第1版　2020年12月第1次印刷
定价：260.00元

主　　编	于振文
编委会成员	（按姓氏笔画排列） 于振文　王　平　王振林　王梅元　孔令让 孔德贵　石　玉　刘希运　刘观浦　李　强 李振声　杨　宇　杨文钰　封超年　赵延兵 郭文善　袁　腾　崔志峰　盖会全　黄有惠 董庆裕
摄影及照片提供	刘观浦　黄有惠　杨　宇　高明秀　贾有信 黄金齐

序

  《小麦栽培学家余松烈院士科学人生》一书，主要用照片记录了余松烈先生扎根农业生产第一线，从事小麦科研，推广普及小麦精播高产栽培技术，带领山东省小麦专家顾问团、山东省小麦良种产业化开发项目专家团队选育小麦优良品种，建立小麦良种繁育体系，推广小麦良种良法配套技术，实现全省小麦亩产、总产量10倍增长，加强实践教学，培养创新型人才等，并收录了报道余松烈先进事迹的新闻作品和纪实文章17篇。这些跨越时空的图片和文字，既生动再现了余老师生前学习、工作、生活的情景，又体现了我们对余松烈先生深切的缅怀。

  余松烈先生是我做研究生时的指导导师，我作为余松烈先生的助手在先生的指导下工作了35年，我的一点一滴进步都蕴含着先生的辛劳和汗水。我也步入晚年，依然在先生的精神风范感召下工作着。在思念导师的同时，我也在思考，我们这一代教师、中年学者、青年学者应该向余松烈院士学习什么……

  余松烈院士是我国著名的农业科学家、教育家，中国小麦栽培科学的主要奠基人之一。他发展了小麦高产理论，为中国小麦生产发展做出了重要贡献，为国家培养了大批农业科技人才。他热爱祖国、热爱人民，对工作忘我投入、无私奉献，对科学重视理论与实践结合、严谨求实、不断进取、开拓创新。他赢得了大家的敬重与爱戴，他的科学思想和科学精神永远值得我们学习，他是广大知识分子学习的榜样。

  我认为，我们应该向余松烈院士学习的有以下六个方面：

  一、余松烈院士在大学阶段重视基础理论的学习，为他后来从事小麦精播高产栽培理论与技术研究奠定了坚实基础。在大学学习阶段，受到赵仁镕等名师的深刻影响，他认真学习生物统计学、田间试验设计、土壤肥料学、植物生理学、遗传学、作物育种学、作物栽培学等农学专业基础课和专业课，成绩优秀。

二、余松烈院士坚持"实事求是、理论联系实际、学以致用"的优良学风，沿着正确的学术成长道路前行。他不断向生产学习，向实践学习，向农民群众学习，用唯物辩证法指导科研工作。实事求是，理论联系实际，在实践中创新，学以致用，是他学术成长的重要特色。

余松烈院士崇尚学以致用，主张科学研究要解决生产实际问题，既要有理论研究的创新，站在学科前沿，又要把论文写在大地上。他致力于把科研成果转化为现实生产力，提高科技对农业生产的贡献率，为农业增产、农民增收提供科技服务，为农业现代化建设做出实实在在的贡献。他一生将学习农学科学知识、思考小麦高产栽培问题与生产实践密切结合，提出了冬小麦精播高产栽培的理论和技术，在我国北方和黄淮冬麦区大面积推广应用，获得了重大的经济效益和社会效益。

三、几十年来，余松烈院士始终扎根基层，密切联系群众，相信和依靠群众，关心群众的疾苦，关心农业生产。他把生产中的难点、热点作为科学研究的重点，科研理念明确，目的性、针对性强。他重视实践，在小麦高产栽培试验的反复实践中，研究总结出冬小麦深耕断根理论、冬小麦精播高产栽培理论、冬小麦宽幅精播栽培理论，然后用实践检验过的理论指导生产实践，走的是一条实践—认识—再实践—再认识的科研路线。

四、余松烈院士的学术成果，主要集中在对小麦单产发展的三个阶段及其三对主要矛盾的论述方面。为研究和解决小麦由低产变中产、中产变高产、高产更高产的主要矛盾，余松烈把精力集中在对冬小麦精播高产栽培理论与技术的研究上。先后创立了冬小麦深耕断根技术、冬小麦精播高产栽培理论与技术以及冬小麦宽幅精播高产栽培理论与技术，并在生产中大面积推广应用。这些成果既是他对小麦栽培学学术研究的重要贡献，也是他的科学思想的集中体现。

五、余松烈院士贯彻农业"八字宪法"，重视良种良法配套和农艺农机结合，重视土壤、肥料、水分、光照等环境条件的改善利用以及对小麦根系生长规律、吸肥规律、光合产物的贮存与转运等生长发育规律的研究。在小麦栽培管理中，他主张良种良法配套，提倡综合运用良种、改良土壤、培肥地力、科学浇水、精播、植保、促控等技术措施，以提高小麦单产水平。余松烈院士用哲学思想指导科学研究是值得我们认真学习的。

六、余松烈院士具有人民科学家的精神风范。他认为人是要有一点精神的，他说："山东农大人的精神应该是，自强不息、脚踏实地、一丝不苟、敢为人先、勇攀高峰、服务'三农'。"余松烈在学校为他举行的当选中国工程院院士的庆祝会上坦诚地说："我之所以当选为中国工程院院士，主要是党和人民对我的培养，各级领导和同志们对我的支持，以及我能够理论联系实际，老老实实地在农业生产第一线干的结果。"理论联系实际和踏踏实实地工作是余松烈院士的显著特点。

改革开放以来，余松烈获得全国科学大会奖和两项国家科技进步二等奖，担任山东省小麦专家顾问团团长、农业部小麦专家顾问组成员、山东省农业良种产业化开发小麦课题首席专家，良好的社会环境为他的学术成长提供了充足的阳光和肥沃的土壤。党和国家创造的尊重知识、尊重人才、鼓励科学家创新发展的良好社会环境为余松烈开展学术研究提供了更加有利的条件。他心系小麦生产，88岁高龄时仍在研究小麦宽幅播种技术和相应的播种机械。我们无比敬重余松烈院士人民科学家的精神风范，他是我们无比敬仰的大师。

中国工程院院士　于振文

目　录
Contents

余松烈教授获山东省委省政府重奖 / 001

中共山东省委宣传部关于追授余松烈同志"齐鲁时代楷模"荣誉称号的决定 / 002

余松烈被授予"齐鲁时代楷模"荣誉称号 / 003

余松烈入选改革开放40周年感动山东人物 / 005

余松烈的科学思想和科学精神 / 007

大爱化作田间行 / 017

余老师，您永远是我的老师 / 021

余松烈：唯愿春风拂麦浪 / 023

滕州人民心目中最可爱的人 / 029

我对先生风范的领悟 / 033

我敬佩，我感动，我学习 / 036

老师，我学术生涯的灯塔 / 039

在余先生指导下学习 / 042

温暖美好的记忆 / 045

言传身教永不忘 / 048

余松烈践行乡村振兴战略的照片 / 051

践行乡村振兴战略，坚守农村科学研究 / 053

热心传授农业技术，指导农民科学种田 / 069

理论与实践相结合，创立高产栽培技术 / 081

倡导加强实践教学，培养现代创新人才 / 111

不忘初心，牢记使命 / 131

余松烈教授获山东省委省政府重奖

◆ 杨 宇

为山东省农业生产做出突出贡献的著名小麦专家、山东农业大学教授余松烈1992年7月23日获得山东省委省政府重奖,被奖励20万元人民币和一辆奥迪牌轿车。

余松烈教授获重奖的消息,在山东农业大学和社会上引起强烈反响。当天下午,党委书记刘龙驹、副书记李培华到余松烈家中祝贺,大众日报等新闻单位记者纷纷前来采访。7月25日省委高校工委书记崔惟琳专程赶来看望余松烈教授。7月27日学校隆重召开庆祝余松烈教授获得省委省政府重奖大会,泰安市委及市直各部门负责人前来参加庆祝。省委省政府重奖余松烈教授,使广大科教工作者受到鼓舞。

余松烈教授长期致力于小麦高产精播栽培理论与技术研究,他探索出的冬小麦精播高产栽培技术在省内外累计推广面积超过1亿亩(1公顷=15亩,下同),对我国北方地区冬小麦生产的发展起到了积极作用。余松烈不顾年老有病,每年抽出大量时间深入农业生产第一线,向农民传播科技知识,解决生产中的实际问题。几十年来,他主持完成5项科研开发课题,其中"黄淮海中低产夏秋粮均衡增产综合技术研究"在生产中推广后,共增产粮食24.85亿千克,增加纯收入5.7亿元。

(1992年9月18日《山东农大报》)

中共山东省委宣传部关于追授余松烈同志"齐鲁时代楷模"荣誉称号的决定

余松烈院士,一生致力于小麦栽培和科研工作,他领衔建成山东省属高校第一个博士点,建成山东省属高校第一个博士后流动站,开创了作物栽培学科发展的新阶段,其研究推广的冬小麦精播高产栽培技术,多次刷新全国冬小麦单产纪录,是我国现代小麦栽培学的奠基人,为推动小麦增产、保证国家粮食安全做出巨大贡献。为深入学习宣传余松烈同志先进事迹,大力弘扬他的崇高精神和高贵品德,加快实施科教兴国战略,推动创新型省份建设,推动"三农"事业发展,积极培育和践行社会主义核心价值观,中共山东省委宣传部决定,追授余松烈同志"齐鲁时代楷模"荣誉称号。

余松烈被授予"齐鲁时代楷模"荣誉称号

◆ 王鹏　董晓爽

齐鲁网9月8日讯　8日晚，由中共山东省委宣传部、省高校工委、大众报业集团、山东广播电视台主办，山东广播电视台公共频道承办的"齐鲁时代楷模"发布仪式在济南举行，著名小麦栽培学家、教育家、中国工程院院士、山东农业大学教授余松烈院士被授予"齐鲁时代楷模"荣誉称号。致公党中央副主席曹鸿鸣，省委常委、宣传部长孙守刚出席发布仪式。

发布仪式现场，致公党中央副主席、余松烈院士的第三位博士生曹鸿鸣为"齐鲁时代楷模"余松烈颁奖，余松烈的儿子余焕涵代为领奖。

余松烈院士一生致力于小麦栽培学教育和科研工作，他领衔建成山东省属高校第一个博士点，建成山东省属高校第一个博士后流动站，开创了作物栽培学科发展的新阶段，其研究推广的冬小麦精播高产栽培技术，多次刷新全国冬小麦单产纪录，堪称我国小麦栽培学的奠基人，为推动小麦增产、保证国家粮食安全做出巨大贡献。为深入学习宣传余松烈同志先进事迹，大力弘扬他的崇高精神和高尚品德，加快实施科教兴国战略，推进创新型省份建设，推动"三农"事业发展，积极培育和践行社会主义核心价值观，中共山东省委宣传部决定，追授余松烈同志"齐鲁时代楷模"荣誉称号。

苦心钻研六十载，重实践，抓改革，终得麦浪点头，万库盈仓。矢志教学一甲子，轻名利，取丹心，始得桃李成蹊，恩泽千秋。敦本务实孜孜以求，春风化雨诲人不倦，堪称齐鲁时代楷模——发布仪式现场，"齐鲁时代楷模发布厅"为余松烈送上的致敬词，是他一生情系小麦高产、专注教书育人的真实写照。

山东农业大学党委书记徐剑波向余焕涵赠送《大爱化作田间行——余松烈传》一书。据悉，这本记录了余松烈院士事迹的传记于今天正式发行。

（2016年9月8日《齐鲁网》）

余松烈入选改革开放40周年感动山东人物

山东省庆祝改革开放40周年感动山东人物和最具影响力事件名单公布，山东农业大学教授、中国工程院院士余松烈入选感动山东人物。

2018年12月16日晚，"新时代改革开放再出发"——山东省庆祝改革开放四十周年感动山东人物和最具影响力事件颁奖典礼在山东广播电视台1 200平方米演播厅举行。余松烈院士的第一位博士生、山东农业大学副校长王振林从山东省副省长孙继业手中接过感动山东人物证书和奖杯。

余松烈院士是入选本次感动山东人物的3位高校教师之一，其余两位分别是中国海洋大学管华诗和山东大学彭实戈。

余松烈（1921.3.13—2016.4.24），浙江省慈溪市人，中国现代小麦栽培学的奠基人，我国著名小麦栽培学家、教育家，中国工程院院士。余松烈生前在山东农业大学工作了近70年，他研究创立小麦产量发展三阶段理论和冬小麦精播高产栽培理论，创建小麦宽幅精播高产栽培技术，惠及2 000多万公顷麦田，累计增产小麦130多亿千克，为确保国家粮食安全和带动农民致富增收做出重大贡献。领衔建成省属高校第一个博士点，建成省属高校第一个博士后流动站，培养了中国科学院院士李振声、中国工程院院士于振文等一批有影响的小麦专家，在国内农业教育和山东高等教育领域具有深远影响。1999年获何梁何利基金科学与技术进步奖，2009年入选"山东省百位为新中国成立、建设做出突出贡献的英雄模范人物"。2016年4月逝世，9月被省委宣传部追授"齐鲁时代楷模"荣誉称号。

大师已去，风范犹存。余先生离开我们已经两年多的时间了，先生的音容笑貌仍然留在他的学生、他的同事、他的农民朋友心中。一心为国、心怀苍生，脚踏实地、呕心沥血，先生用自己的一生诠释了"科技兴农"，践行了"把论文写在祖国的大地上"。

余松烈先生一生热爱祖国、服务人民，为人师表、严谨治学、献身科学、勇于创新，把毕生的心血奉献给了教育和科技事业，他的逝世，是中国科技界和教育界的重大损失，在此表示深切的缅怀。

（2018年12月19日《山东农大报》）

余松烈的科学思想和科学精神

◆ 于振文　杨宇　石玉

余松烈是我国著名的作物栽培学家，农业教育家，中国小麦栽培科学主要奠基人之一。他发展了小麦高产理论，为中国小麦生产发展做出了重要贡献，为国家培养了大批农业科技人才。余松烈热爱祖国、热爱人民，对工作忘我投入、无私奉献，对科研重视理论与实践结合、严谨求实、不断进取、开拓创新，他还非常重视创新人才的培养。他赢得了人民的敬重和爱戴，他的科学思想和科学精神永远值得我们学习，他是广大知识分子学习的榜样。

创新与奉献

1921年3月13日余松烈生于浙江慈溪。他在宁波中学初中部完成学业以后，在南京市立第一中学读高中。1937年，刚读完高二，抗日战争全面爆发，南京常遭日机轰炸，他逃往家乡宁波并辗转到吴兴县住在叔父家，借读于东吴大学吴兴附中读高三。1937年冬，日本侵略军在金山卫登陆，吴兴吃紧，他同叔父一起到吴兴山区乡村避难，开始与农村、农业、农民有所接触。1938年5月，他随叔父等人由吴兴辗转避难到上海，先到补习学校补课，9月间进入新迁上海的南通学院农科读大学一年级，晚上则继续在补习学校新开办的致用大学农学院上课。1940年6月，余松烈作为上海南通学院农科肄业生，经考试转入私立福建协和大学农学院农艺系，于1942年6月毕业，获农学学士学位。

大学毕业以后，他先后在福建省立农学院、私立福建协和大学农学院任助教，在福建省研究院任助理研究员，在上海南通学院农科任讲师。1946年春，在父兄的帮助下，与朋友共同筹措创办专门传播农业科技知识的新农出版社。1949年中华人民共和国成立前，通过朋友介绍到老解放区山东农学院工作，被分配在农学系。

1950年秋，余松烈在山东农学院创建小麦育种和栽培试验田，从事"小麦周期播种试验"和分枝小麦栽培技术研究，以及利用种间杂交改良分枝小麦的工作，直到1966年"文化大革命"开始，这是他在山东从事小麦研究的第一阶段。在这期间，通过多次到农村蹲点进行田间科学实践，以及与全国著名劳动模范裴继臣共同劳动，学习总结他的小麦丰产经验等，余松烈开始对山东的小麦生产有所了解，对山东农业、农村、农民有所认识并初步建立了感情。

1974年，余松烈主动要求下放到滕县农村劳动锻炼，一直到1978年才返回学校。这5年是他一生最愉快、最紧张、最兴奋的时期，虽然生活比较艰苦，劳动比较繁重，但始终沐浴在农民群众的温暖友情之中，是他向劳动人民、向生产实践学习的最佳时机，业务上有了很大收获。他走遍滕县的丘陵、涝洼和平原，学习了高产单位的经验，也发现了后进单位的问题，既找出了滕县小麦生产中存在的普遍性问题，也研究了个别单位的特殊情况，逐步做到了对滕县的小麦生产心中有数。在这个基础上，他开始为当地干部、技术人员讲小麦课，到社、队进行技术指导，创办了滕县"五七"农大，为当地培养了农业技术人才，受到当地干部和群众的衷心爱戴。1980年，他在59岁时光荣地加入了中国共产党。

1978年，余松烈返校工作，任农学系主任和栽培生理研究所所长。他把较多的精力投入"小麦精播高产栽培技术"的研究与示范推广工作，几乎跑遍了山东省所有的丰产县，并到河北、河南两省进行宣传普及。在这段时间内，根据不完全记载，他共讲课和在田间进行技术指导200余次，听众包括各级有关领导和技术人员10万余人次。

几十年来，余松烈系统地研究了小麦低产变中产、中产变高产和高产更高产的主要矛盾及解决矛盾的途径，提出了小麦单产发展三个阶段的理论，用于指导生产，促进了小麦生产的发展。他的主要科研成果得到国家和科学界的肯定，其中"小麦高产栽培的理论与实践"获1978年全国科学大会奖及山东省科学大会奖，"山东省小麦低产变中产、中产变高产开发试验"获1986年山东省科技进步二等奖，"山东省小麦中产变高产模式与最佳栽培技术规程的研究"获1991年山东省科技进步二等奖，"冬小麦精播高产栽培的理论与实践"获1992年国家科技进步二等奖及1990年国家教委科技二等奖。

余松烈还非常重视充分利用光热资源提高全年作物总产的研究，他主持的"山东省黄淮海中低产地区夏秋粮均衡增产栽培技术研究"获1987年国家科技进步二等奖及1986年山东省科技进步一等奖，为黄淮海地区小麦、玉米双高产提高了技术基础；"小麦玉米亩产吨粮无机营养动态平衡规律与配套技术研究"获1996年山东省科技进步三等奖。

在教学上，余松烈培养了数以千计的大学生、16名硕士生、18名博士生、3名博士后，培养出3名年轻的博士生导师，为学科建设和跨世纪的中青年骨干教师队伍建设做出了突出贡献。余松烈在教学科研的基础上，主编或副主编完成《中国小麦学》《中国小麦栽培研究新进展》《山东小麦》《作物栽培学》《现代小麦栽培科学及其发展展望》《中国小麦栽培理论与实践》等重要学术专著12部，在《科学通报》《中国农业科学》《作物学报》等学术刊物发表科学论文100多篇，为促进作物栽培学科的理论发展做出了重要贡献。

余松烈热心教学科研、关心农业生产的敬业献身精神受到各级党委和政府的信任、关怀和重视。他曾任山东农学院（1983年改为山东农业大学）讲师、副教授、教授，1987年被国务院学位委员会批准为博士研究生指导教师，担任实习农场副场长、农学系主任、作物栽培生理研究所所长。在校外兼任山东省小麦专家顾问团团长，农业部全国小麦专家顾问组成员，山东省第五届、第六届、第七届、第八届人大代表、人大常委，第七届、第八届全国人大代表，中国作物学会理事、栽培委员会委员、小麦学组组长，山东农学会副理事长，山东作物学会副理事长等职务。曾获全国农业劳动模范、全国高等学校先进科技工作者、山东省劳动模范、山东省优秀科技工作者、山东省优秀教师、山东省科技拔尖人才、山东省科教兴鲁先进工作者称号，享受国务院特殊津贴，1992年中共山东省委、省政府授予他有突出贡献的科技人员重奖。1997年11月当选为中国工程院院士。

小麦精播高产新途径的创立者

20世纪60年代末，随着生产条件的进一步改善，肥、水、播种量的增加，我国各地高产麦田倒伏现象日益严重。"大肥、大水、大播量"造成群体过大，田间郁蔽严重，个体发育不良，后期青枯倒伏，穗小粒轻，限制了单产的进一步提高。丰产麦田的单产出现了相对停滞的徘徊时期。

面对这种情况，余松烈决心另辟蹊径攻克小麦高产难关。1974~1976年，余松烈带领滕县20多个条件好的科技队伍进行了种植密度、肥料、深耕断根等20多项试验。小麦班的学员分在各个点上，按余松烈的要求认真观察记录，整理试验数据。在大量试验的基础上，经过认真分析，余松烈发现，在土壤肥力较高的条件下，适当降低基本苗数，单株成穗增多，穗大粒多，千粒重高，并在一定范围之内，单株的穗数与其平均穗粒数、千粒重之间呈显著的正相关关系。从此，小麦精播的初步方案在余松烈的头脑中形成了。

1975年秋种，余松烈在滕县十几个村安排了小麦精播试验。在黄庄村，他亲自整好2亩地，按每亩1.5千克种子的要求，将麦种按一定行、株距一粒粒种在地里。当时，种了一辈子田的农民问余松烈："我们每亩下种二三十斤，才收几百斤麦子，种这么稀还能收到麦子吗？"余松烈说："地力差，小麦分蘖少，种稀了不行。地力强，小麦分蘖多，麦子会越长越好的。"除了降低播种量、减少基本苗之外，余松烈还将过去施用返青肥水改为起身肥水，再加上良种良法配套的栽培技术，1976年春天，麦田起身拔节后越长越好，麦收时亩产638千克，创下了北方冬小麦高产纪录。这一年滕县有11个村的小麦亩产超过500千克。余松烈认真地总结了在滕县进行小麦高产攻关的经验，完成了十多篇论文。其中《冬小麦高产栽培的理论分析》初步阐述了精播高产理论：在较好的条件下，适当降低播种量，抑制冬前和春季过多分蘖，建立合理群体结构，处理好群体与个体的矛盾，培育壮苗，促控结合，是获得小麦高产的有效途径。这项技术比传统的栽培技术每亩地节省5千克多种子，增产10%以上。这一成果1978年获得全国科学大会奖。

1978年余松烈返校工作之后，带领课题组成员和研究生进一步对小麦产量形成的生物学、生理学和生态学基础进行了一系列研究，即从群体光合作用与呼吸作用、矿质营养吸收与分配、同化物运转分配与积累规律等及其与产量关系的角度，分析了阻碍小麦产量进一步提高的主要矛盾。他认为传统栽培"大肥、大水、大播量"的方法造成麦田群体过大，光照不足，氮素过剩，碳水化合物不足，是导致小麦倒伏和穗子变小的主要原因，提出了适当降低播种量、减少基本苗、控制群体、培育壮苗、减少无效分蘖和过多有效分蘖、提高成穗率、改善群体内通风透光条件为主要措施的冬小麦精播高产栽培技术体系。这一栽培技术体系与传统栽培方法相比，在不增加投入的情况下平均增产13.5%，而且节省了种子。小麦精播高产栽培协调群体与个体矛盾的理论为中国黄淮冬麦区和北部冬麦区小麦高产创出了一条新的途径，对促进中国小麦主产区小麦生产的发展有重大价值。目前，小麦精播高产栽培技术已在山东、河南、河北、江苏、安徽、山西等地累计推广应用3亿多亩，增产小麦130多亿千克，节约种子15亿千克。"九五""十五""十一五"期间，冬小麦精播高产栽培仍被农业部定为重点推广的小麦生产技术之一。

从1982年开始，余松烈主持国家课题"山东省黄淮海中低产地区夏秋粮均衡增产栽培技术的研究"，从土壤培肥、作物营养、光合作用与产量生理方面进行研究，提出在中低产条件下迅速培肥地力和小麦、玉米两茬增产的综合栽培技术，被国家科委定为"八五"和"九五"重点推广项目，在德州、惠民、聊城、菏泽4个地区的4个县5.7万亩粮田上示范，带动了4个县89万亩和4个地区1 000万亩粮田生产的发展，累计增产粮食24.5亿千克。

一心为了大地的丰收

长期在农村蹲点，余松烈对中国农民的生活、教育、劳动、生产有着较深入的了解。他一直把农民的生产挂在心上，并深深感到科技成果运用到生产中的实在太少了，一心想把小麦精播高产栽培技术传授给农民，提高他们的科学种田水平，从而大幅度提高小麦产量。

1980年余松烈担任山东省小麦专家顾问团团长，负责指导全省小麦生产。他和顾问团的同志们一起制订了全省小麦低产变中产、中产变高产的增产计划。尽管担任系主任、研究所所长后行政事务缠身，还有繁重的教学任务，但他对指导生产丝毫没有放松。每年从小麦播种前的准备到小麦生长发育的各个关键时期，他都要到各地检查指导，那些年他每年外出时间近200天，20多年来他走到哪里就把技术带到哪里，哪里的小麦就增产。

鲁西北的平原县，当时是全国200个贫困县之一。过去这里是"旱季白茫茫（碱），雨天水汪汪（涝）"，自然条件差，技术水平低，小麦亩产一直在150千克上下徘徊。1981年秋种时由于旱情严重，播种晚，麦苗长势差，县领导来到山东农学院，请余松烈当顾问，他二话没说就答应了。

1982年正月初六，城乡还沉浸在一片欢度春节的喜庆气氛中，余松烈在济南开过小麦专家顾问团会议，接着就匆匆地登上了北去的列车，到平原时已是晚上6点多了。他不顾年迈体弱和旅途劳累，当晚就召开了座谈会，了解情况，连夜赶写讲稿，第二天为500多名干部和技术人员讲了麦田管理课，针对平原县小麦的实际情况提出了技术意见。这一年余松烈在小麦生长的关键时期4次去平原指导，使全县22万亩小麦在大旱之年单产达到294.5千克，比上一年增产118千克。县领导感慨地说："多亏余教授来指导生产啊！"

为了推广新技术，余松烈费尽了心。由于习惯于传统栽培方法，不少农民对精播技术持怀疑态度。余松烈就把技术送到农民家门口，反复宣传新技术要点及将会产生的高效益。他还在小麦生长关键时期，带着助手到农民的麦田给予具体指导，农民按他说的去做，到第二年示范田比对照田每亩增产90多千克。这下农民服气了，纷纷要求余教授来指导生产。

1985年诸城县在余松烈指导下，10.17万亩精播小麦平均亩产427.8千克，比对照田每亩增产75千克，其中有6 730亩单产超过了500千克。同年，寿光县采用精播技术，15.14万亩小麦平均亩产达460.5千克，比对照田每亩增产90千克。

余松烈不但走遍了山东省各县，还北上石家庄，南下安阳，在河北、河南、江苏、安徽等地传播小麦精播高产栽培技术。余松烈主持冬小麦精播高产栽培技术的研究与推广27年，看到精播技术在黄淮大地开了花，取得了丰收，感到无限欣慰，因为丰收的果实凝结着他的心血和希望。

滕州市（过去的滕县）是余松烈最早进行小麦精播试验的地方。自20世纪70年代以来，他一直把滕州作为科学研究、高产示范、实验教学的基地。1996年，余松烈在滕州建立小麦良种产业化开发项目，从种到收多次到各个村进行指导，使50亩小麦高产攻关田平均亩产612.7千克，200亩小麦丰产田平均亩产567.1千克。这一年滕州市84万亩小麦平均亩产428千克，比丰收的1995年每亩增产19千克。为此，喜获丰收的滕州市120万农民派代表专程到山东农业大学，把一枚精制的"丰收"金质纪念章赠予余松烈，表达他们对著名农业专家的敬仰之情。这也是劳动人民对科学家做出卓越贡献的一种无价回报。《人民日报》和《光明日报》作了报道，中央电视台1996年12月27日新闻联播节目作了余松烈推广科技成果的报道。

呕心沥血教书育人

余松烈在农业教育战线上兢兢业业地辛勤耕耘了50个春秋。他曾先后主讲过生物统计学、生物统计与田间试验技术、作物遗传育种学、作物栽培学、作物生理学、作物高产的理论与实践等课程。余松烈十分重视教材建设。他主编了全国高等农业院校统编教材《作物栽培学》(北方本)、《田间试验方法》、《冬小麦的栽培》等。他不辞辛劳，认真备课，讲课时理论联系实际，旁征博引，内容充实，听课者无不留下深刻的印象。

余松烈治学严谨，注重理论与实践相结合。他在担任系主任期间，与其他系领导一起积极探索"教学、科研、生产"三结合的办学路子，取得了显著的社会效益，并为农学系1989年获国家级优秀成果奖和1993年获国家教育成果特等奖奠定了基础。他一向注意让学生多接触科学实验和生产实践，以提高他们的钻研能力和指导生产的本领。1997年5月，余松烈带领他指导的13位来自山西农业大学、河南农业大学、安徽农业大学、江苏农学院、莱阳农学院的博士研究生到滕州和肥城进行小麦高产现场教学。他冒着烈日在麦田里讲解，连续两天下来，脸上露出一些倦容，同学们怕他吃不消，便婉转地提出："余老师，咱们已经看了两个市，桓台县的点就不要去了吧！"余松烈看出同学们的心意，说："同学们的关心我感谢，但到桓台考察是教学计划安排的，不能变。"

余松烈非常关心本科生的成长，他与大学生谈人生治学时说："我认为作为青年学生需从形成正确的人生观、渊博的学识、强的技术能力三方面去努力。"

他指出，首先要建立正确的人生观。人生观是对人生的根本观点，是对于社会、人、事、物的基本认识。我们要通过努力学习，包括对社会科学的和自然科学的学习和深刻领会，以及实践、行为等建立起自己的正确人生观。正确的人生观不是一成不变的，而是与时俱进的。

培养正确的人生观，关键因素是处理好"公与私"的关系。"公的利益"就是指世界、国家、民族、社会、人民群众和广大集体的利益；"私"的利益是"公"的利益的对立面，包括个人的、家庭的、家族的、亲友的、小集团的利益。要去实践对于"公"有利的事物、工作、事业，要对社会、人民群众有利，为他们服务。我们崇尚大公无私和先公后私的人，他们具有共产党人的人生观，是从人民群众集体利益出发的。具有这种人生观，并且一贯地、不折不扣地去实践，就能成为高尚的人、有益于社会的人。

渊博的学识就是要有丰富的知识，有了丰富的知识，也就获得了智慧，就可以对周围事物、对我们生活的社会做出自己的智慧判断。没有洞察力和判断力的人是没有方向的人，不可能建立正确的人生观。

强的技术能力就是人必须有一技之长，要在学习和实践中提高技术能力。如果你能抓住任何一个自己所喜欢的工作刻苦研究与实践，当人们公认你在这方面具有较强的能力时，你就达到了技能的比较高的境界。有了一技之长，你就可以用这种能力为人民服务，有益于社会。

50年来，他为国家培养了一大批农学专业人才，现已遍布全国各地，他们几乎都成为教学、科研和技术推广部门的骨干力量，其中不乏著名的专家、教授、研究员，有些成为中国科学院院士、中国工程院院士。党的十一届三中全会以后，余松烈老当益壮，作为山东农业大学栽培学与耕作学科的学术带头人，率先指导硕士生、博士生，建立了农学博士后流动站，培养出一批博士生导师和硕士生导师。他带领这支学科团队，自1986年以来，招收与培养了来自北京、南京、江苏、河南、安徽、吉林、四川、山西、陕西、内蒙古、新疆等省（市、自治区）的博士生、博士后53人，为培养我国高层次农业科技人才做出了重要贡献。余松烈为了完善和发展学科理论，不仅自己著书立说，写下了数百万字的教材、讲义、专著、论文，而且还培养和鼓励中青年教师多干多写。有人请他修改稿件，他总是一丝不苟地逐字逐句地审改。他就像一支蜡烛，燃烧着自己，照亮了别人。由于他在教书育人方面做出了突出贡献，故被评为山东省优秀教师。

科教兴农谱新篇

小麦专家离不开田野，农业教授离不开农民。几十年来，余松烈情系农业，把自己的年华、知识和精力倾注到农业生产上，即使年逾古稀依然壮心不已，情有独钟，谱写着科教兴农的新篇章。

1995年，74岁的余松烈担任了山东省小麦良种产业化开发项目首席专家。5年中，他以自己的学识水平、人格力量、奉献精神和在小麦科技界的影响力，使全省小麦专家形成合力，把育种、良种繁育和高产示范有条不紊地组织起来，带动全省小麦向高产稳产的方向稳步发展。在小麦灌浆期，余松烈不顾年迈体弱和炎热天气，带领有关育种专家，从鲁西到鲁东，驱车几千里，到十几个新品种（系）区域试验基地考察小麦品种；在秋种之前，率领小麦高产示范专家，到全省十几个市（地）安排高产示范项目，与当地技术人员共同商讨技术方案。1997年，山东省小麦良种产业化开发的28个县共建立小麦良种高产示范田208.645万亩，其中1 650亩平均亩产613.64千克，144.68万亩平均亩产516.62千克。

1999年，78岁高龄的余松烈不仅担任着山东省小麦良种产业开发项目首席专家的职务，还主持着一个农技与农机结合的课题，推广他和他的课题组发明的"冬小麦深耘断根增产技术"。他的研究指出，适期深耘断根对小麦根系有断老根、喷新根、深扎根、促进根系发育的作用，对植株地上部有先控后促的作用，能控制新生分蘖形成和中小蘖生长发育，提高成穗率，延缓小麦衰老，促进穗大粒多粒重，从而显著增产。为了广泛推广这项技术，余松烈和他的助手与农业机械厂密切配合，研制出小麦深耘断根机，在生产中广泛应用。

余松烈注重农技农机相结合，提倡学科交叉，勇于创新。他说："一个民族的希望在于创新。要开展新的农业技术革命，必须建立与之配套的农业科技创新体系，要与当前的高新科学技术如生物技术、环境保护技术、信息技术和材料技术等联系起来，科研要从实际中建筑课题，要放眼世界，放眼全国，整体规划，逐步实施。"他组织山东省的小麦科技工作者，在高新技术育种和现代化小麦栽培等方面联合攻关，为21世纪小麦生产的发展提供技术储备。

余松烈带领科研团队与山东工力公司合作研制小麦宽幅精量播种机，获国家专利，并在山东省较大面积试用推广。这种播种机的优点是播幅宽，为5～7厘米，播幅内籽粒分布比较均匀，播量精确，无缺苗断垄和疙瘩苗，获得群众欢迎。余松烈在滕州市、泰安市岱岳区、临邑县、鄄城县的麦田推广小麦宽幅精量播种技术。小麦生长期间，余松烈不顾88岁的高龄到田间观察苗情，分析制约小麦增产的问题，提出保增产的关键技术措施，指导小麦科学管理。这些麦田都大幅度增产了，出现了实打验收亩产700千克以上的地块。其中，山东省农业厅组织的专家组对滕州市级索镇千佛阁村的3.42亩麦田实打验收，平均亩产小麦789.9千克，创我国黄淮冬麦区和北部冬麦区冬小麦亩产最高纪录。岱岳区汶口镇3亩超高产攻关田实打验收，平均亩产小麦767.57千克。小麦宽幅精量播种技术得到了政府部门的大力支持，山东省农业厅出资购置余松烈和滕州农机人员研制生产的30台小麦宽幅精量播种机，赠送给部分小麦高产创建试点县使用，发挥了显著效果。

人民科学家的精神风范

余松烈为我国小麦高产的跨越做出了重要贡献，但他总认为是党和人民的厚爱和教育培养了他。他在学校为他举行的当选中国工程院院士的庆祝会上坦诚地说："我没有高学历，没有出国留过学，是一个土生土长的知识分子。我所搞的小麦研究算不上一门高精尖的学科，自己也没有高深的理论水平。我之所以当选为中国工程院院士，主要是党和人民对我的培养，各级领导、同志们对我的支持，以及我能够理论联系实际，老老实实地在农业生产第一线干的结果。"理论联系实际和踏踏实实地工作是余松烈的特点。

余松烈把当选院士作为献身事业的新起点。他不断进取，把爱国、爱民、爱农业的情感倾注到冬小麦高产再高产的科学研究和指导培养后起之秀的教学工作中。在余松烈当选为中国工程院院士以后，当时的山东省委书记吴官正致贺信说："山东人民感谢您，山东的农民感谢您。"并请余松烈有什么建议及时向省委、省政府提出。余松烈说，他的建议就是成立山东省小麦工程技术研究中心，集中全省小麦技术人员的智慧，组成攻关协作网，解决制约生产的难题，建设优质小麦千斤省。他88岁高龄仍然心系小麦，经常到农业生产第一线传授技术、解决难题。他说："解放前，山东省小麦平均亩产只有41.2千克，2009年达到385.5千克。按现在的技术水平，只要五年十年不放松地抓下去，我们就不仅能解决自己的吃饭问题，而且还能帮助别人。"

大爱化作田间行

——九旬院士余松烈考察小麦高产攻关田侧记

◆ 刘观浦

忙种时节,山东小麦产区又是一派丰收的景象。

6月1日,90岁高龄的中国工程院院士、我国著名小麦专家、山东农业大学教授余松烈,专程来到泰安市岱岳区马庄小麦宽幅播种高产攻关田,实地考察小麦长势,了解高产栽培技术综合应用的情况,与科技人员亲切交谈,和农民一起分享丰收的喜悦。

麦田教稼

古有后稷教民稼穑,今有院士传授技艺。

上午9时30分许,余松烈兴高采烈地来到田间,看到齐刷刷的麦田,看到籽粒饱满的麦穗,他容光焕发,神采飞扬,兴致勃勃地听着情况介绍,并不时与科技人员交谈。

站在小麦宽幅播种的田埂上,余松烈弯下腰拨开发黄的麦穗,察看亩穗数、穗粒数,调查宽幅播种对小麦群体和个体发育的影响。

看到丰收在望的小麦高产攻关田,余老掩饰不住兴奋的心情:"小麦宽幅播种是在改良精播技术的基础上提出来的。要适时播种,一般在10月7日、8日播种为宜,个体发育好,达到7个叶片以上,是高产的前提条件。"余松烈对科技人员说:"今年秋播,还是希望适时早一点,7日、8日播种,植株发育7片叶之后,有可能达到亩产800千克,否则没有把握。"

余松烈语重心长地对身边人员说:"我希望创造亩产1 000千克纪录,可我年事已高,这辈子怕是做不到了。但是你们可以做,要多探索、多切磋,要想创高产的办法,总会有办法的!"

"夺取小麦高产,既要靠优良品种,也要靠栽培技术,只有良种良法配套,才能实现高产。在选用高产品种的基础上,还要把小麦精播、宽幅播种、烯效唑拌种、冬前深耕断根、后期'一喷三防'等多种栽培技术组合起来,综合运用。这些关键技术运用得好,可以创造亩产900千克的水平!"余老向科技人员讲述着自己的一贯主张。

用植物生长调节剂烯效唑拌种,是今年开展的一项新试验。余松烈走进试验田,仔细了解烯效唑对小麦植株和叶片生长发育的促进作用。余老对科技人员说:"决定小麦产量的是亩穗数、穗粒数、千粒重。千粒重靠什么,靠茎秆、靠叶片,靠叶片产生光合物质和茎秆把养分输送到籽粒中去。烯效唑拌种,在小麦上使用得较晚,要通过对比总结经验,技术成熟后在生产中推广。"

心灵寄托

在金色的高产田路旁,矗立的一方巨型标示牌引起了人们的关注。牌上写着:小麦宽幅播种高产攻关田。品种:济麦22号、临麦4号。播期:10月8日。面积:20亩。目标产量:800千克。技术指导专家:余松烈、董庆裕、修世作、余亚勉。

去冬今春,低温持续时间长,对小麦分蘖和生长发育造成不利影响。作为首席技术指导专家,余松烈十分牵挂高产攻关田的小麦,多次提出要去田间考察。进入5月下旬,在小麦灌浆成熟期,工作人员与地方农业部门联系,安排了考察高产攻关田的行程。当听说要下田间看小麦,余老高兴得像个孩子,提前两三天就开始准备。

6月1日上午,余老换上整齐服装,戴上茶色墨镜和白色的遮阳帽,手持拐杖,精神饱满,神采奕奕,像过节一样,怀着期待的心情,前来亲近熟悉的麦田,实现自己一个下乡看望农民的心愿。

余松烈对土地、对小麦、对农民有着别样的感情。1966年,余松烈被下放到农村劳动改造。1974年春,他向学校请求带领学生到滕县(今滕州市)龙阳公社进行生产实习，并在滕县农村进行锻炼，直到1978年。在滕县期间，他带领农村科技人员进行了20多项田间试验，形成科研成果15项。他综合山东各地小麦增产经验，经过大量田间试验，创立了"冬小麦精播高产栽培技术"，在黄淮海冬麦区大面积推广种植，至今仍在广泛使用，为山东及周边省份的小麦持续增产做出了重要贡献。

刚开始的时候，余老在整好的两亩地里，按每亩1.5千克种子的要求，人工播种，将麦种按一定行株距一粒一粒种下。麦收时亩产高达638千克，创下了当时我国北方冬小麦高产纪录。后来，为解决人工播种费力费时的问题，他与工人一起研制了小麦精量播种机，提高了工作效率，为冬小麦精播高产栽培技术大面积推广创造了条件。最近几年，余松烈观察分析冬小麦精播栽培中出现的新问题，试验创新了冬小麦宽幅精量播种技术，与工人一起研制了新的冬小麦宽幅精量播种机，并在生产中推广应用，收到了明显的增产效果。2009年滕州市、岱岳区、临邑县、鄄城县推广小麦宽幅精量播种技术的麦田大幅度增产。其中，山东省农业厅专家组对滕州市级索镇千佛阁村10亩高产攻关田中的3.46亩小麦实打验收，平均亩产高达789.9千克，创造了我国冬麦区亩产最高纪录。

古书云："一农不耕，民有饥者；一女不织，民有寒者。""仓廪实，知礼节；衣食足，知荣辱。"历朝历代都把农业生产放在首位。现如今，党中央国务院连续9年发出一号文件，对"三农"工作进行部署，废除"皇粮国税"，推出一系列惠农强农政策，粮食安全和农业问题的重要性可见一斑。

作为一名从旧社会过来的农业科学家，余松烈深谙农业丰则基础强、农民富则国家盛、农村稳则社会安的道理。余松烈没有多少豪言壮语，但是他却把科教兴国、科教兴农作为奋斗目标，把服务"三农"、小麦增产作为心灵寄托，把对国家的责任、对人民的热爱化作实际行动，在齐鲁大地上奔波了60多个春夏秋冬。

大地丰碑

"只有当人民掌握了科学知识，才能最终把科学知识转变为强大的物质力量和精神力量。"这是余松烈长期从事农业科研与示范推广的深刻体会，也是指导他科研的信念和动力。

2009年秋季，岱岳区的小麦宽幅播种示范基地，从马庄镇和大汶口镇两个镇发展到了汶口、满庄、祝阳等8个乡镇，宽幅播种面积达到了4.5万亩。与此同时，余松烈还在德州、枣庄、淄博、菏泽、泰安等5个地市11个区县建立了亩产800千克高产创建试验田。

在上述地区建立小麦宽幅播种高产攻关田，仅是余松烈相信群众，依靠群众，放手发动群众，推广小麦科技的一个缩影。

1979年至2003年，余松烈担任山东省小麦专家顾问团团长长达24年，这也是全省小麦生产跨越发展的24年。1995年，他在桓台县推广良种良法配套高产栽培示范，使全县39万亩小麦平均亩产504千克，成为山东第一个小麦单产千斤县。1996年，他指导的诸城市63万亩小麦，平均亩产501千克，成为山东第一个小麦单产千斤市。1996年是山东小麦产量达到历史最高的年份，面积6 059.9万亩，平均亩产370千克，总产224.3亿千克。

1996年，余松烈在滕州实施小麦良种产业化开发项目，全市84万亩小麦平均亩产达到428千克，比丰收的1995年每亩增产19千克。这年6月，获得丰收的农民为余松烈颁发"科技兴农，功勋卓著"金质勋章，成为我国第一个受到农民奖励的农业科学家。

余松烈坚持实事求是、理论联系实际的优良学风，坚持走产学研结合的道路，重视用科研成果解决生产实际问题，用自己的理论成果和生产贡献在科教人员和广大农民心中树立起了一座丰碑。

（2010年6月4日《山东农大报》）

余老师，您永远是我的老师

◆ 袁　腾

余老师工作60余载，倾力服务"三农"，硕果累累。他创立了小麦精播高产栽培理论与技术，丰富了我国小麦栽培学，为我国黄淮冬麦区和北部冬麦区小麦高产闯出一条新途径，获得了重大经济效益和社会效益，创出了冬小麦单产638千克的高产纪录。截至1991年，冬小麦精播高产栽培技术在山东省就推广到1 217万亩。余老师不仅是全国著名的作物栽培学家、小麦栽培科学奠基人之一，而且是农业教育家，几十年来勤奋耕耘，为我国培养了大批农业科技人才，包括数十名博士后、博士和硕士等高级农业技术人才，桃李满天下，如今他们都已成为国家农业技术推广、农业教育和研究三条战线的骨干力量。余老师90高龄时仍然勤勤恳恳工作在第一线，即使师母多年重病卧床，余老师仍然坚持做到工作、持家两不误，令人敬佩不已。由于对国家的重大贡献，余老师获得了国家多项重要奖励。余老师之所以能为国家做出这些重大贡献，最根本的一点是他有一颗为党为人民奋斗终生的崇高信念，这也正是我们知识分子应该向他老人家学习的地方。

20世纪70年代初，余老师满怀对"三农"的深厚感情，创办了三期"山东农学院、滕县'五七'农大合办小麦班"，为滕县培训了150多名高素质的农民科技人员；在22个标点科技队进行了多项试验研究，获得多项成果，为冬小麦精播高产栽培理论提供了大量素材。在以后的高产攻关试验过程中，不管是骄阳似火的六月天，还是北风凛冽的寒冬，余老师都不辞辛劳，带着助手深入田间调查研究，还在地头不厌其烦地向农民答疑解惑，深受他们的欢迎和爱戴。

余老师年逾古稀后，仍年年参加例行的全省小麦考查，每次与山东省小麦专家顾问团成员一起，连续7天每天坐200多千米的汽车，风尘仆仆，让我们深受感染和教育。从1980年至1999年的19年中，我每年都有与余老师相处的机会，每回忆至此，仍心潮澎湃，激动不已。给我印象很深的，还有他的工作作风，概括起来有三点：一是善于团结同志一起工作。小麦专家顾问团成立30年来之所以能做出这么大的成绩，与余老师善于团结、待人诚恳有直接关系。他一视同仁，能团结与自己意见相左的人一起工作，这就把分歧变成合力，促进了各个时期任务的顺利完成。二是重视从生产实践中发现和培养业务接班人。余老师的接班人中不少来自基层科技队，有的已成为教授、博士生导师和研究员。这些人的共同特点是不怕吃苦，有钻研精神，有事业心，因而能在事业中做出显著成绩。三是知人善任。记得在1979年举办的全省作物丰产生理学术讨论大会上，共宣读了关于几大作物的12篇论文，其中有我的一篇《对冬小麦小群体结构创高产的初步认识》。大会休息时，余老师问我："你愿意跟我干吗？"我当即回答："听从余老师的安排。"此后，不论是在全省大面积开发试验中，还是在多年的专家顾问团活动中，以及在参加编写《山东小麦》科技专著中，我都积极投入，没有辜负余老师对我的信任。

（袁腾，济宁农业学校高级讲师，原山东省小麦专家顾问团成员）

余松烈：唯愿春风拂麦浪

◆ 张兴华　刘观浦

90岁那年，余松烈已经步履蹒跚，不过当他走到小麦宽幅精播高产攻关田旁，精神马上抖擞起来，脸上浮现出兴奋的神色。

他行走在松软的麦垄间，摩挲着沉甸甸的麦穗，不放过任何一株小麦的长势。看着籽粒饱满的麦穗，放眼丰收在望的麦田，他认真叮嘱身边的人："今年秋播，可要早一点。"

从那一年起，生命中的最后6年，这位中国现代小麦栽培学的奠基人把仅存的精力留给了麦田，直到病倒在医院。

他一生牵挂麦田。他研究创立的冬小麦宽幅精播高产栽培理论，多次刷新全国冬小麦单产纪录，惠及山东、河南、河北、江苏、山西等地累计3亿多亩麦田，增产小麦130多亿千克。

如今，他看不到又一季麦子的成熟了。

2016年4月20日12时20分，中国工程院院士、山东农业大学教授余松烈在山东泰安逝世，享年96岁。

继承他小麦事业的学生们赶来了，他们放下手中的试验，向这位恩师致敬；接受过他点拨、运用前沿技术获得高产的农民代表赶来了，他们手捧麦穗，流下眷恋的泪水："余老，您的目标达成了，您就放心走吧！"

最牵挂那片高产田

他与麦田打了67年交道。哪怕是生命的最后岁月，他最放不下的依旧是那片麦田。

站在麦垄上的他，与67年前并无两样。

麦穗在他眼中仿佛不只是麦穗，而是活生生的生命。沉甸甸的麦穗，在余松烈看来，像在诉说，像在娓娓而谈，也像在致敬。所以人们都说，来到地头的他，永远都是笑着的。

"他一直很关注小麦的生长情况，他年龄大了走不动以后，就让我替他到麦田去观察，然后回来向他汇报。"他的学生、小麦专家董庆裕教授回忆说。

人们清楚地记得，2010年6月1日，已经90岁高龄的余松烈照例来到山东省泰安市岱岳区马庄小麦宽幅播种高产攻关田考察。每年的6月初，鲁中地区小麦即将成熟的时候，他总要实地考察一番。

这天上午，余松烈特别高兴，似乎忘记了炎热和劳累。看到丰收在望的小麦高产攻关田，他掩饰不住喜悦的心情，说："小麦宽幅播种是在改良精播技术的基础上提出来的，要适时早播。"

他还嘱咐身边的科技人员说："今年秋播，还是希望适时早一点，7日、8日播种为宜，争取达到亩产800千克的目标。"

人们劝他早点儿回家休息，他执意不肯。后来，他的女儿说，那次余松烈回去之后就累病了，一躺就是十几天。

然而，这一趟现场考察，余松烈没有白来。他的技术指导，大家都一一记在心里，落实到了行动上。是年秋播，高产攻关田有了很大改进，那都是完全按照他的叮嘱下种的。

"余老这一招，也真神。那年秋天小麦出苗齐，长势好，分蘖早。"一位农民说。一直跟随余松烈进行攻关试验的董庆裕及时向他进行了汇报，余松烈又和科研人员提出了冬前"深耕断根"、后期"一喷三防"等跟踪管理方案。

年龄对他而言，从来不是问题。

他总是这样，一门心思探索小麦高产的秘密。他对待小麦，就像对待自己的孩子，看不到就打听，看到了才放心。

2011年6月1日，余松烈再次来到岱岳区马庄大寺村的小麦宽幅精播高产攻关田，听取测产情况汇报，实地查看小麦后期长势情况。

当听说测产的理论产量达到820千克时，余松烈高兴地说："今年小麦长势好，如果近期没有大风大雨，不倒伏，有希望创造新的高产纪录。"

然而老天却跟他开了个玩笑。这年的20亩高产攻关田，在收获后期受到干热风等因素影响，实际产量未能突破800千克，给满怀希望的余松烈留下了深深的遗憾。

2012年春天，余松烈身体明显虚弱了，他觉得自己可能看不到小麦亩产800千克目标实现的那一天了。那年3月30日，余松烈拿起过去通常记录小麦数据的笔，颤颤巍巍地给山东农业大学农学院书记赵延兵和研究生处处长、小麦专家王振林写信，还把他们叫到面前，嘱咐他们继续搞好亩产800千克高产田创建工作。

2013年3月，山东省农业厅负责同志到泰山疗养院看望余松烈，祝贺他92岁生日。余松烈没有把自己的生日当回事，却郑重地提出组织全省力量试验宽幅精播栽培技术，实现小麦亩产800千克目标的事情。

2014年春天，余松烈住在疗养院，饮食靠鼻饲，行动靠轮椅，神智有时不清。但他一旦清醒，就吵着让助手安排下地看麦子，兴奋得睡不好觉。因此，女儿余亚勉常常嘱咐去探望他的学生及朋友们，尽量少提小麦。

或许是老天也不再忍心让这位老人的梦想一次次落空。2014年6月，小麦收获的季节，农业部组织的7位专家来到了烟台招远市辛庄镇马连沟村，在农业部小麦高产创建万亩示范区10亩攻关田里，对由余松烈担任技术顾问的攻关试验田进行实打验收。经过紧张的收割、脱粒、晒干等严格程序，结果出来了：3.14亩验收田平均亩产达817千克！这块高产麦田，虽然不是余松烈亲自指导管理的，但是采用的栽培管理技术，正是余松烈晚年创立的冬小麦宽幅精播高产栽培技术。

为了这个结果，余松烈研究总结、规划设计和热切盼望了多少日日月月！从此，余松烈终于在精神上得到了彻底安慰。

农民视他为最可爱的人

在穿越半个中国向他道别的农民代表心里，余松烈是最可爱的人。

奉献兴许是没来由的，爱戴却不是无缘无故的。农民朋友的爱戴，源自余松烈的专业，源自他毕生对高产小麦的奉献。

小麦之于山东半岛，就像大米之于南方，甚至更加重要。馒头、面条、烧饼，曾是山东人传统三餐离不开的口粮。今天看来供应充足的市场，在20世纪70年代，却存在巨大的缺口，面粉是一种非常稀缺的资源，山东人过春节，都要带着馒头做礼物走亲访友。

那时候，小麦生产水平总体上还处于低产阶段。1972年，山东全省小麦平均亩产才97.5千克，但是滕县的高产麦田亩产已达200千克以上。这引起有心人余松烈的关注，他自告奋勇来到滕县农村蹲点。

1974年，余松烈送走实习的学生，背着行李来到滕县。滕县史村一度是科学种田的先进典型，1966年，全村800多亩小麦平均亩产达到372.5千克，时任村党支部书记薛振祥还因此参加了1966年的国庆观礼。但是1966年之后，直到1974年，史村的小麦产量却徘徊不前，亟须科研人员解决实现小麦更高产量的栽培技术。

那时候，白天余松烈和村民们到田间地头做调查，晚上点上煤油灯和大家分析原因。不久，他就提出"六改"的栽培方法，即改换主栽品种"鲁滕1号"为"泰山4号"，改播种量较大为适当压缩播种量，改适时晚播为适时早播，改耧播为机播，改行距16.5厘米为行距19.8厘米，不种畦埂麦，改重施返青肥为重施起身拔节肥。

这一下不得了！1975年，史村全村820亩小麦平均单产457.5千克，并出现500千克地块209亩。那一年，史村一季就向国家上交小麦17.5万千克，是全年任务的4.2倍。

1975年夏收之后，余松烈总结史村"六改"试验成果，提出在全县推广史村的增产经验。当年秋天，滕县县委、县政府接受余松烈的建议，创办了"五七"农大，其中小麦班50人，学制一年，农闲时培训，农忙时参加小麦生产和试验工作。

当时正值"文革"期间，余松烈在山东农学院是"反动学术权威"，而在滕县农村，干部群众却把他当成专家、亲人和朋友，为他开展小麦高产栽培试验提供一切方便，使他在"文革"中受伤的心灵得到了慰藉和医治，使他发现了小麦精播高产栽培技术创新的价值。

1975年秋播，余松烈又选择姜屯公社黄庄大队，亲自进行人工小麦精播高产栽培试验。种了一辈子田的农民问余松烈："我们每亩下种十多公斤，种这么稀还能收到麦子吗？"余松烈说："地力差，小麦分蘖少，种稀了不行。地力好，分蘖多，种稀了麦子会越长越好。"果然，麦苗起身拔节后越长越好，麦收时亩产达到638千克，创下了我国北方冬小麦高产纪录。

滕州市原副市长刘希运是当年"五七"农大的学生，参加过余松烈的小麦精播点播试验，后来又到山东农学院工作，与余松烈朝夕相处12年，对余松烈的感情很深。他讲了两件事情：

"余老师是一个工作狂人。1977年秋播，他打电话说星期一来，本来我想找车到车站去接。结果他提前一天来了，下了火车，就徒步向黄庄村赶。他说秋播是个关键时期，学校的事处理完了，就提前来了。那时余老师57岁了，自己背了个包，跑了几十里路。大家都感动得不知说什么好。"

"余老师自称是农民。在黄庄村，余老师与村民同吃同住，住在一个姓黄的村民家里。村民们喜欢做地瓜稀饭，做好之后热气腾腾，香味四溢，余老师也比较喜欢地瓜稀饭，房东黄大嫂时常主动盛上一碗给余老师送去。余老师就买些馒头、烧饼等送给农民。他和农民吃住在一起，关系十分密切。"

"文革"后期在滕县劳动锻炼的5年，成为余松烈一生最难忘的一段时光。余松烈曾在《自传》中写道："这是我一生中最愉快、最紧张、最兴奋的时期。虽然生活比较艰苦，劳动比较沉重，但我始终沐浴在农民的温暖友情中，这是我向农民、向生产实践学习的最佳时期，我在业务上获得较大丰收。"

1978年3月18日，全国科学大会在北京召开。余松烈的"冬小麦精播高产栽培的理论分析"获1978年全国科学大会奖。全国科学大会授予余松烈先进工作者称号。从1974年至今，42年来，余松烈的小麦科研和示范推广工作没有离开过滕州。滕州一直是全国、全省小麦新品种推广、小麦新技术应用、小麦高产的先进典型。

"事业做不好，无法报答先生的期望"

在为余松烈送行的队伍中，也有来自各省各地的山东农业大学校友，他们都以是余松烈的学生感到幸运和自豪。

"我是余松烈老师的学生，我的成绩离不开老师的教育指导。"谈起老师，中国工程院院士、农业部小麦专家指导组组长、山东省小麦专家顾问团团长于振文充满敬重，"他严谨的治学精神和理论联系实际的作风对我影响特别大"。

于振文是余松烈指导培养的硕士研究生，在学术上深受他的影响。1982年研究生毕业时，余松烈正主持山东省黄淮海中低产地区夏秋粮均衡增产栽培技术的研究课题，于振文是课题组成员，他和余松烈每天骑着自行车在试验点上跑。

从此以后，于振文成为余松烈的得力助手，很快在研究实践中成长起来。20世纪八九十年代，余松烈成为农业部小麦顾问组成员，还积极推荐于振文参加顾问组的工作，给他指路子压担子，直到于振文也成为院士。

余松烈培养的另一位院士是中国科学院院士李振声。李振声是著名小麦遗传育种学家，曾经获得2006年度国家最高科学技术奖。

中国致公党中央副主席曹鸿鸣也是余松烈的研究生。他专程从北京赶来，要送敬爱的老师最后一程。谈到与余松烈的师生情义，曹鸿明特别激动："20世纪90年代初期，我读余松烈教授的研究生，那时爱人有病，余老师经常过问，还给钱让我给爱人治病。我忘不了余老师对我的培养和帮助！"

余松烈对学生学习、研究生科研严格要求，但他对学生的关心爱护却细致入微，其严师慈父的品性，让学生们难以忘怀。余松烈培养的第一位博士、山东省小麦专家顾问团副团长王振林对老师关心爱护学生的事记忆犹新："我们上学时期经济不宽裕，隔上一段时间，余先生就要把学生叫到一起，请我们吃饭。饭桌上大家心情舒畅，畅所欲言，师生之间其乐融融。每次吃饭，余先生都是包饭包酒。他特别理解青年人，总是提前离场，留下更多时间让我们同学单独交流。"

有一次，余松烈要请两位南方学生吃饭，因为那时没有电话，余松烈还特意跑到王振林宿舍，把他也拉过去。余松烈的女儿余亚勉专门为南方的两位学生买了琵琶虾，师生们一起做菜，一起吃饭，就像一个大家庭，极其温馨。饭后从余先生家里出来，两名学生说，事业做不好，无法报答余先生对我们的期望。

这种爱，是对事业的一种期待，是为了让小麦科技事业后继有人。半世辛劳付热土，一生情怀系麦浪。斯人已逝，"余"风长存。

（2016年4月27日《中国教育报》）

滕州人民心目中最可爱的人

◆ 刘希运 孔德贵 黄有惠

1974年春，小麦专家余松烈带领第二届工农兵学员的一部分到滕县龙阳公社进行生产实习。6月底，实习工作结束，学生返回了学校，余松烈却主动要求留了下来。当时已经54岁的他主动要求下放到滕县农村劳动锻炼，到滕县龙阳公社沙土大队蹲点实习，受到当地干部群众欢迎。从此，余松烈始终把自己当作一名滕县的编外社员，把滕县当作他的第二故乡，把滕县干部群众当作良师益友。

滕县是余松烈最早进行小麦精播试验的地方，他一直把滕县作为科学研究、高产示范、实践教学的基地。尽管后来担任了系主任、研究所所长等职务后事务缠身，还有繁重的教学任务，但他对指导生产丝毫没有放松。每年从小麦播种前的准备到小麦生长发育的各个关键时期，他都要到滕县检查指导和讲课。30余年来，是他手把手地教会了滕县农民怎样更高产地种麦子，怎样整地、施肥、浇水，怎样看天、看地、看苗管理麦田；是他把滕县的小麦从低产变中产、中产变高产、高产更高产；是他解决了滕县人民由饿肚子到吃饱、由吃饱到吃好的问题。他是滕县人民心目中最可爱的人。

滕县人知恩图报，2005年滕州市召开了一个别开生面的答谢会，感谢余松烈30余年来对滕州的贡献。余松烈在会上深情地说："我与滕县的密切关系，与滕县人民的缘分、情谊，都是双向的。1974年春，是我主动申请到滕县来的，接受劳动改造，接受农民再教育，这5年是我一生中最幸福、最受感动和工作最愉快、业务上理论联系实际最有收获的时期。虽然当时我是'反动学术权威'，处于被专政的地位，但是滕县的领导和人民并不鄙视我，反而重用我，重视我的业务工作。我的一系列办学、提高农民的科学技术知识的建议被滕县人民接受了，并且给我充分工作的机会，让我的专长得到发挥。"

余松烈认为解决技术问题必须解决人才问题。1974年夏收后，余松烈向滕县农业局提出办22个标点大队科技队长参加的小麦学习班，并主动承担了教学工作。教学结合生产，理论紧密联系实际，学习过程生动活泼，效果良好。他对仅有二十几个人参加的学习班仍感到不满足：要是把全县科技队的骨干组织起来，办个小麦培训班，通过他们推广技术，该能发挥多大作用啊！于是余松烈向县领导谈了自己的想法。在当时处处讲阶级斗争的年代里，滕县的领导却是开明的。他们恳切地说："余老师，过去我们想办班没有条件，你能为我们培训人才太好了。今后有什么想法尽管提，有什么困难我们帮助解决。"有了县委的支持，小麦班（即"五七"农大）很快办起来了。学员来自40多个大队，都是科技骨干，学制一年，农闲时集中学理论，农忙时带着所学知识回队参加劳动，边劳动边实践。余松烈一人讲三门课，一面为学员们上课，一面和学员们一起探讨小麦高产栽培途径。他根据生产上存在的问题、新发现的苗头和大家的疑问，在22个生产队布置了田间试验，由学员回队进行试验，并进行总结。学员回队劳动时他还要挨个点跑，经常一天跑100多里路。为摸索小麦高产规律，大田出题目，小田做文章，边调查研究，边指导生产。这是有指导、有目的、有一定水平的群众性农业科学试验。辛勤的汗水浇灌出丰硕的果实，经过了三年试验，余松烈带领学员终于摸清了小麦高产栽培的规律。

3年间小麦培训班为滕县培养了158名农业技术骨干，这些人为滕县农业发展做出了重要贡献，一部分人成为农业战线上的技术员，有的成为滕县的科技市长，有的成为滕县农业局局长，有的在农业大学当了研究员。正是这些人把余松烈的小麦高产栽培技术理论变成了滕县农民栽培小麦的高产经。

1974年滕县小麦种植面积74.1万亩，单产153.5千克。为打破小麦生产徘徊局面，实现新的突破，余松烈提出了小麦生产发展三阶段的理论。为了验证这一理论，余老师从试验田的选定、设置、播种、观察记载，到测产、总结，都进行专门培训，详细讲解。他亲自安排重点试验，在22个标点大队范围内进行了13个专题研究、48个田间试验。以此为基础，提出了滕县千斤小麦栽培技术意见。仅1976年，以丰产栽培为内容的试验就达70余项次。研究集成的栽培技术在滕县、泰安、新泰、肥城、宁阳和山东农学院实习农场高产田应用后，多次创出单产600千克以上的高产典型，为我国黄淮冬麦区及北方冬麦区小麦生产由中产向高产发展提供了理论依据和实用技术。

20世纪80年代，余松烈利用滕县的经验承担了国家科委下达的"六五"期间重点科技攻关项目，在山东范围内推广面积达1307万亩，一般比传统技术（对照）增产15%左右。在这个项目中，应用技术研究取得3项成果、基础理论研究取得8项成果，为黄淮海低产地区的粮食增产积累了经验，树立了样板。该项目1987年获国家科技进步二等奖。

1994年秋种时，余松烈又回到滕州（原滕县）。这时他已担任山东省小麦专家顾问团团长，出任山东省"三〇工程"小麦首席专家。他选择了滕州级索镇作为高产试验基地，从滕州市的地力、水肥等实际情况出发，提出了万亩高产良种良法配套攻关的栽培方案。从秋种到夏收，他不顾70多岁的高龄亲自到级索的20多个村指导小麦生产。在他的精心指导下，广大农民很快掌握了科学种植技术及管理方法，使小麦产量一再提高。1995年，级索镇级索村35亩麦田平均单产达到654千克。1996年6月16日经省小麦专家团验收：级索镇淤庄村50亩高产攻关精播示范田，平均亩产612.7千克，有200亩麦田单产达到600千克，级索镇的2000亩小麦丰产方、万亩小麦高产田也获得了平均亩产567.15千克的好收成，滕州市84万亩小麦平均亩产428千克，比丰收的1995年增产19千克。滕州市实现了小麦生产由中产向高产的跨越，实现了余松烈多年来高产再高产的夙愿，圆了他的大地丰收梦。

1996年6月26日，喜获丰收的滕州市120万农民派两位农民代表王其金、韩敬田专程到山东农业大学，把一枚刻有"科技兴农，功勋卓著"的金质"丰收"勋章赠予余松烈。余松烈深受感动地说："这是我一生中获得的无上荣誉，我十分感谢滕州农民朋友对我的鼓励和支持。"金质勋章表达了农民兄弟对农业专家的敬仰之情，也是农民对农业科学家做出卓越贡献的一种无价的精神回报。

滕州人民在余松烈院士整建制小麦高产栽培理论指导下，使小麦生产一步一个台阶，一年一层楼。从2005年连续11年整建制实现突破千斤高产目标，2009年，小麦高产攻关田平均亩产789.9千克，创当时全国冬小麦单产纪录。滕州市连续两年被评为"全国粮食生产先进县"，先后被评为"全国十大粮食生产先进县""全国粮食生产先进县标兵"，被列入"全国新增千亿斤粮食生产能力规划""全国首批粮食高产创建整建制推进县（市）"。

30年来，往来滕州，风雨无阻，传播农业技术，人虽离去音容犹在，哀思无尽。

千百万次，试验示范，殚精竭虑，研究小麦理论，终成正果，寿老归真，德泽长存。

余松烈院士没有离开我们，他永远活在滕州人民的心中，他永远是滕州人民心中最可爱的人！

（刘希运，原滕州市副市长；孔德贵，原滕州市种子站站长；黄有惠，原滕州市科技局副局长）

我对先生风范的领悟

◆ 封超年

1996年至1999年，我经组织批准，在职攻读博士学位，有幸师从中国工程院院士、山东农业大学教授余松烈先生，在余先生和导师组的悉心指导下，我较好地完成了学业，取得了农学博士学位。十几年来，随着我工作阅历的增加和自身的成长，更深刻地体会到余先生风范对我成长和发展的影响，更深切地感到作为余先生学生的幸运和自豪。我把先生作楷模，领悟先生的风范是我理解人生的一部分。

一、学习先生"执着追求，永不懈怠"

我成为余先生的博士生之后，在研读先生论著的同时，对先生的成长和事业发展历程也有所了解，他为解决中国农业问题而执着追求的毅力和精神令我敬佩。余先生1942年毕业于私立福建协和大学农学院，从事生物统计及田间试验技术、作物栽培学、小麦栽培学的教学、研究及推广工作已经67年。67年，在历史的长河中只是一瞬间，但对人而言却是漫漫人生路。先生数十年如一日，坚持自己对农业的选择，坚守解决中国农业问题的长远之志，潜心工作，朝着既定目标奋进。先生是凡人，在工作中也遇到条件艰苦等困难，在生活中也有家人生病等具体问题，但他克服困难，以事业为重，不断积累，取得了以"冬小麦精播高产栽培的理论与实践"为代表的多项科技成果，培育了大批农业科技和教育人才，为祖国的农业事业做出了杰出贡献；先生也是不凡人，由于他的卓越成就，他光荣地当选中国工程院院士，受益于他的滕州市120万农民赠予他金质奖章，但先生淡泊名利，永远把荣誉归功于党的培养和人民的支持，总是把新的成就作为新的起点，执着追求，永不懈怠。

二、学习先生"理实交融，学以致用"

余先生一贯要求学生们要"顶天立地"，顶天，就是科学研究的理论水平要处于本领域前沿水平；立地，就是要解决实际问题，推动生产力发展。在这方面，先生以身作则，是理论联系实际、学以致用的典范。因为，在理论上，他是中国小麦栽培学的奠基人之一；在实践上，他早在20世纪50年代初就在山东建立了小麦育种和栽培试验基地，深入广大农村调查、研究和推广小麦高产栽培技术，特别是长期以滕州为基地，教学、科研和生产相结合，创造了当时北方冬小麦高产纪录，逐步形成了小麦精播高产理论与技术体系，并大面积推广应用，取得了极大的社会和经济效益。我读博期间，在确定博士学位论文题目时，余先生明确要求，博士学位论文课题研究，既要有理论深度，又要解决实际问题，必须学以致用。先生的学生来自全国各地，分属于不同的生态区，他循循善诱，引导学生们分析各自所在生态区域的小麦生产现状、特点和进一步提高小麦产量、品质的障碍因子，从生产中找问题，针对问题开展研究，在分析机理的基础上，丰富小麦高产优质栽培理论，建立和完善小麦高产优质栽培体系。先生还亲自带学生到田间考察，启发学生发现问题、分析问题和解决问题。令我印象最深的是1997年小麦孕穗期，余先生在山东选择了小麦高、中、低产田三种类型，组织学生进行考察，在现场深入浅出地阐述了小麦生产低产到中产、中产到高产、高产更高产三阶段理论，使我们对先生的学术思想有了更深刻的理解，就是要坚持理论联系实际，在现实生产中研究问题，科学选择和确立研究方向和目标，农业科研必须源于丰富的实践，农业科研的目标必须服务于农民增产增收。在先生的指导下，我们这些先后来自江苏、安徽、河南、四川等地的学生，都回各地做了大量调研，针对各地小麦生产的现实水平和生态生产条件，选择了能促进当地小麦生产的研究课题，建立了试验和示范基地。由于选题得当，这些课题均被各省的科技、农业部门立项，研究成果也大多被采用。

三、学习先生"严谨治学，为人师表"

我和师兄弟们对余先生有一个共同的感受，就是先生一方面对学生的品行、学习和科研要求非常严格，而另一方面对学生的生活和发展又非常关心。先生对每届学生必讲的是：从事科技工作，就要坚持科学精神，要做到求真、唯实，追求真理，实事求是。先生的博士生中，有一定比例是在职学习，往往学习和工作时间存在一些矛盾，先生在帮助在职博士生协调矛盾的同时，始终坚持严格要求，对博士生的课程学习亲自过问，对博士生的文献综述、学位论文立题报告、年度科研小结、学习中期汇报等，先生都要在修改的基础上，再与指导小组的老师一起现场听汇报，及时提问和点评。对于学生学位论文的撰写先生更是精心指导，对试验数据的准确性和数据整理的科学性，先生要认真核查，对论文更是要反复修改，严把质量关。先生严谨的治学，使学生们受到了严格的训练和严谨学风的熏陶。我于1998年下半年撰写论文，先生为我修改论文的情况我终生难忘。我把初稿送给先生后，先生怕耽误我的时间，连续一个星期，每天都工作到深夜，而当时先生已78岁。我一直保存着先生为我修改的论文原稿，这将是我一生的珍藏。先生在严格要求学生的同时，对学生的成长又非常关心，特别是在学生毕业时，指导学生制定职业发展规划，指点学生今后工作中的注意事项，使学生们获益匪浅。

（封超年，余松烈的学生，南京林业大学教授、原校党委书记）

我敬佩，我感动，我学习

◆ 王振林

  我对余先生的认知，起初是来自于敬仰。我1978年考入山东农学院农学系，入学后的不几天，从老师和学长们那里得知农学系有哪几位知名的教授，余先生位列其中，但我并未见过余先生，所有对余先生的了解都是来自系领导、辅导员和老师的讲话，同学们之间的言谈和学校广播站的广播。有一次班级政治学习分组讨论，时任农学系主任李文升来到我们组检查学习情况。在小组讨论时，李主任谈到余先生在"文革"中如何深入生产一线搞科学研究；如何在滕县（现滕州）蹲点办小麦培训班，办"五七"农大，进行田间试验，创建小麦高产典型；如何为生产服务，为全省小麦生产做出突出贡献等。听完之后，更增加了我对余先生的敬仰之情。但遗憾的是，入学一年多的时间并未见到过余先生一次。1980年底发生了一件事，让我深受触动。学校广播站广播新闻说，农学系主任余松烈教授光荣地加入了中国共产党。据系领导介绍，余先生早在20多年前就向党组织提出了入党申请，在经历十年"文革"浩劫，饱受风霜，历经磨难之后，仍矢志不移，信念不变，坚贞忠诚，使我和许多同学都为之由衷地钦佩和敬仰。第一次听余先生授课是在1981年秋天，即大学四年级上学期，大部分的学习课程基本完成，学校从本校和山东省农业科学院等外单位聘请专家为我们讲专题和研究进展课。余先生为我们讲的专题是小麦高产的理论与实践。对于余先生所讲的专题我至今仍记忆犹新，内容包括四个方面：一是小麦的光合性能；二是小麦生长与土肥水条件的关系；三是小麦群体与个体的矛盾及建立合理的群体结构；四是小麦高产的途径。第一次听余先生讲课，同学们都抱着极高的热情，早早吃过早饭后就坐到合堂教室里去了。听余先生讲课，尽管对余先生讲话的口音很不适应，但先生讲课中科学的逻辑、清晰的思维、明朗的观点、透彻的阐述、丰富的内容以及整洁的板书、激扬的文字和高昂的激情,让我们每一位同学都为之折服。下课后,先生被同学们团团围住,与同学们交流,并同时解答了同学们提出的问题。那次听课,我没有与先生当面交流的机会,没有向余先生当面请教问题,因为我们一起听课的同学有120多人。虽然没有与余先生当面交流,但却感受到了那次听课及与先生课后交流时的那种学术氛围,也粗浅地感悟到了先生对信念的坚贞、对人民的忠诚、对事业的执着和对真理的坚定。正是这粗浅的感悟引导了我、激发了我。

1982年是给我带来惊喜的一年。这一年我大学毕业,更重要的是我考研成功,十分荣幸地成了余先生的研究生。从这一年起,有更多机会聆听先生教诲、受惠先生指导,有更多时间感悟师生真情、领悟先生思想。在这之后的年月里,从先生那里学做人、学做事,学思想、学方法,也从先生那里取得了硕士、博士学位。在受惠先生指导的年月里,数不清先生有多少次给予指导与教诲。回顾多年来跟随先生学习的经历,有几点体会深印在心:

一是运用科学的方法。先生的研究、文章贯穿了科学的方法。我读研究生时所读的启蒙科学文章,也是逐句研读遍数最多的科学文章,是余先生在《科学通报》发表的"小麦高产途径的商榷——兼论穗、粒、重的矛盾"。读这篇文章,从一开始我就为先生的辩证思想和唯物哲学所打动。先生首先从小麦生长发育过程存在矛盾的分析入手,提出三对矛盾的概念,即小麦生长发育与土、肥、水、光、温、气、病虫害等环境条件的矛盾,小麦群体发展与个体发育的矛盾以及小麦植株个体内部的矛盾。他以分析、解决这三对矛盾为主线,探讨三对矛盾与小麦穗、粒、重形成的关系。在此基础上,他研究、提出小麦低产变高产的途径、小麦高产更高产的途径,并阐述了三种高产途径的特点。先生的文章教会我在小麦栽培科学研究中如何运用矛盾解析的科学方法。

二是坚持实践的观点。作物科学是实践的科学。先生注重实践,这是众所周知的。先生的科研选题来自实践,研究问题切合实践,研究成果服务实践并在实践中验证,这是先生严谨科学观的体现。先生的研究成果如冬小麦深耕断根增产技术、夏秋粮均衡增产综合栽培技术、冬小麦精播高产栽培技术等无一不是针对生产关键问题开展研究,研究成果又服务于生产实践的发展。余先生注重实践与理论的结合,把实践—理论—实践—理论……紧密结合形成一个统一体。对我教育至深的是余先生提出的小麦单产发展阶段性的理论学说。他根据生产实践、试验研究和理论分析提出了小麦单产发展三阶段的理论学说。这个理论学说对促进小麦栽培科学研究,促进小麦生产发展发挥了重要作用。这个理论学说指出,小麦单产发展的第一阶段是低产变中产阶段,影响小麦单产发展的主要矛盾是麦田土肥水条件与小麦良好生长发育所需要的不相适应；第二阶段是中产变高产阶段，影响小麦单产发展的主要矛盾是高产与倒伏的矛盾；第三阶段是高产更高产阶段，影响小麦单产发展的主要矛盾是小麦植株个体内部的矛盾，特别是光合产物的供求关系和源与库的相对平衡关系。余先生的这一理论学说蕴藏着事物发展阶段性的唯物辩证思想。先生的理论学说教我如何判断小麦单产发展的阶段，如何针对每一阶段的主要矛盾提出小麦增产的主攻方向和栽培技术措施。是先生教我实践的观点，教我具体问题具体分析的方法。

三是为农民服务。余先生对我经常讲的一句话是："到生产中去，要解决问题。"这是教我实践第一的观点。先生要求做科研要到生产一线去，发现问题，研究问题，最终要解决问题。也就是说，科学研究要管用，科学要为民所用，要以科学理论指导生产，要以科研成果为农民服务。在这个过程中，我从余先生身上感悟到他为农民服务的坚定信念和对农民的真挚情感。那些年我经常跟随余先生到各地考察，每到一个地方余先生都有许多农民朋友。有一次我陪余先生到滕州考察小麦，考察之余，余先生专程到家中去看望他的一位农民朋友。听说余先生来了，村里许多农民都赶了过来，在农家院子里余先生与农民朋友促膝攀谈，并一一叫出好几位年长农民的名字。一位大学教授、院士专程去看望一位普通农民，许多农民自发地围拢在教授的周围，一位大学教授与普通农民在一起交谈并能叫出好几位老农的名字，这说明什么？我在一旁深思良久。从余先生与农民交谈的言语内容中，我未闻到高谈阔论；从余先生和农民的面色眼神中，我未见虚笑扮容。一位大学教授与普通农民如此水乳交融，心心相印，这到底说明什么？此后的好长时间，我心存疑惑。的确，我读不懂余先生。随余先生学习年月的延伸，使我逐渐有所领悟，逐渐读懂先生。先生与农民是一家人，余先生为农民服务是他的信念决定的，品德决定的，事业决定的。农民与余先生亲，农民需要余先生，农民为余先生授奖牌，是因为余先生了解农民、亲近农民，他是用心为农民服务，用研究成果为农民服务。

这是我多年对余先生言传身教的点滴领悟。余先生信念之坚定、品德之高尚、对事业之执着、对科学之严谨，正是我所敬佩，我所感动，我所要永远学习的。

（王振林，余松烈的学生，山东农业大学教授、副校长）

老师，我学术生涯的灯塔

◆ 杨文钰

我的恩师余松烈先生，中国著名的小麦栽培专家、中国工程院院士、山东农业大学教授，在我的学术生涯中一直指引着我在学海中遨游前行。

忘年交坚定了我从事作物栽培研究的信心

时光匆匆，二三十年弹指一挥间。我与老师余松烈院士初识是在20世纪90年代初的全国小麦栽培学术会议上，会议在成都举行，汇集了全国著名的小麦栽培学者。学者众多，只能听其报告，甚至只能闻其大名。唯有余先生，不仅有机会与他交谈，而且结为忘年交，至今让我记忆犹新。事情的原委是这样的：会后代表们参观都江堰，在游览景区时我陪伴了余老师。特别是过吊桥时，由于摆动太大，我有幸扶着余老师慢步穿过吊桥，走完长长的摇摆不定的吊桥，余老师兴高采烈，一再表示感谢，且说要与我交朋友。能和小麦栽培大专家交朋友是我一个小年轻梦寐以求的事情，我急不择词，脱口而出：只要余老师愿意，我一百个赞成。这一"扶"使我终生难忘，这一"扶"使我坚定了从事作物栽培的信心，即使后来有机会转到人人向往的水稻育种方向，也未改变我作物栽培研究的情结。

余老师毕生从事的事业指明了我学术生涯的方向

老师几十年来没有离开过作物栽培研究领域，长期从事冬小麦精播高产栽培技术的研究与示范推广。首创冬小麦精播高产栽培理论和技术,改变了"大肥大水大播量"的常规栽培方法,为我国黄淮海麦区小麦高产开创了新途径。到1991年,小麦精播高产栽培技术在山东推广达1 217万亩,在全国累计推广10 690万亩,增产小麦43.6亿千克。他研究创立的小麦精播高产栽培技术,获国家科技进步二等奖,被国家科委和农业部确定为"八五""九五"农业重点推广项目,目前已累计推广应用3亿多亩,增产小麦130多亿千克,节约种子15亿千克。近90高龄,余老师仍在德州、枣庄、泰安等5市的11个县进行高产攻关,他所指导的高产田经过实打验收,产量均创新高。其中,滕州市农民的试点麦田,以亩产789.9千克,高达全省平均亩产2倍还多的成绩,荣获2009山东粮王大赛总冠军。这一单产记录,打破了山东省保持10年之久的773.86千克历史最高纪录,也创造了我国黄淮海麦区的单产最高纪录。余老师在作物栽培领域的执着追求,为国家、为人民做出了杰出贡献,得到了国家和人民的高度肯定和认可,为作物栽培工作者树立了榜样,让广大栽培工作者看到了栽培研究的希望,让我看清了作物栽培学科应用性质的真谛。作物栽培研究工作者必须紧密结合农业生产实际,创新作物生产技术,直接服务"三农",才能真正壮大和发展作物栽培学科,才能发展自己。20年来,我始终遵从这一方向性原则,坚持18年之久,与全国相关专家紧密合作,创立了水稻、小麦和油菜种用烯效唑抗逆壮苗栽培技术体系,省工、省水、省药,安全间隔期长,增产、增收,在全国得到了大面积应用;根据南方多年应用的麦/玉/薯种植模式存在的劳动强度大、费工、水土流失严重、效益低下等诸多问题,创立了旱地三熟麦/玉/豆新种植模式,该模式通过"五改"(改甘薯为大豆、改间作为套作、改春播为夏播、改稀植为密植、改开沟起垄为免耕秸秆覆盖),实现了"四减"(减少物质投入、减轻劳动强度、减少水土流失、减轻环境污染)、"三增"(增强作物抗旱性、增加全年作物产量、增加农民收入),达到了资源节约和环境友好,促进了南方旱地农业的可持续发展,目前已在四川、重庆等地推广应用1 000多万亩。这些点滴成绩的取得与老师的榜样作用密不可分。我相信,只要继续不断按照老师的榜样指引,执着地坚持下去,就一定能够在作物栽培研究领域有新的发展。

余老师的精辟见解引领作物栽培研究的未来

在我已获得教授职位3年的1999年,学校鼓励教师到国内知名大学或知名学科进一步深造，提高学术、学历水平。为此，我在思考：读博与否？读博何用？久久没有决断。幸运的是机会再次降临了。1999年5月，董钻先生主编的《作物栽培学总论》教材编写研讨会在山东农业大学召开，我作为编写者出席了会议。会议之余，我拜访了余老师，谈到了我的困惑，他高度肯定了学校的做法，鼓励我深造，以进一步提高学术研究水平。同时，我后来的博士导师于振文教授、《作物栽培学总论》教材的编者之一，听到我的情况，一再鼓励我深造，否则今后将遗憾终生，并希望读余老师和他的博士。回校之后，考虑再三，我坚定了考博决心，工作之余，全力复习考博课程。功夫不负有心人，当年9月我成了余、于两位老师的弟子。在读博的3年中，经常有幸聆听余老师的教诲，对我的学术成长和人生发展起到了莫大的作用。在众多的教诲中，最让我难忘的是老师有关作物栽培学科的未来发展方向的精辟论断。老师对作物栽培学科的发展指出两个方向：一是微观研究要以分子生物学为手段，探明栽培技术的分子机理，为作物高产、优质、高效奠定理论基础；二是宏观研究要以大田生产为对象，以信息科学和工程技术为手段，研究农机农艺配套的机械化、信息化栽培技术体系，直接为农业生产服务。这一观点，余老师不仅一次谈，而且多次谈，年年谈，一直到现在还在谈。博士毕业后，每年教师节和春节我都要给余老师打祝福电话，电话中他不时问到我的研究，希望我从这两个方面着手作物栽培研究工作，多次回母校拜访余老师时谈话的内容也离不开这个观点。我从事的种用烯效唑化控技术和麦/玉/豆新种植模式的研究在拜访和通信中得到了余老师的首肯和指导，他在"激发作物植株活力、改变植株生理机制的栽培技术研究"一文中，肯定化控技术是激发小麦等作物植株活力、改变植株生理机制的栽培技术之一。这坚定了我执着研究的信心，致使这些研究得以推进并在生产上广泛应用。

  我的恩师余松烈院士为我的学术之旅点亮了学海的灯塔，在今后的学术生涯中我将一如既往瞄准老师所点亮的灯塔，继续前行。

（杨文钰，余松烈的学生，四川农业大学教授）

在余先生指导下学习

◆ 郭文善

1994年5月我参加山东农业大学博士研究生的招生考试，报考余松烈院士的博士研究生，在余先生的关心下我如愿被录取，同年9月入学，开始了在先生指导下的学习历程。

1. 向先生学习研究方法

入学之初，需在先生指导下制定课程学习与论文研究计划，先生很重视，多次听取我们几位学生的汇报，考虑到94级我们3位他的博士生都是在职研究生，先生要求我们严格执行学校的规定，认真完成课程学习，高标准完成学位论文，同时又要协调好学习与工作的关系。学位论文的研究是重点，先生要求我们的选题一定要有创新性，要有较高的学术水平，同时作物栽培学是应用性学科，选题必须紧密联系生产实际，能解决实际问题，具有实践性。为做到这些，我学习了先生的大量论著，对先生的研究方法有了初步认识。如先生发表在《科学通报》1975年第4期上的论文"小麦高产途径的商榷——兼论穗、粒、重的矛盾"，用自然辩证法的方法分析小麦穗、粒、重矛盾和解决矛盾的途径，进而深入分析了小麦高产的三条途径的特点与应用条件，将辩证法运用于作物科学研究之中。先生等研究提出的"小麦精播高产栽培理论与技术体系"在我国小麦生产中发挥了极其重要的作用，我入学时该成果已在全国范围内广泛推广应用，我认真学习了关于该成果的系列论著，不仅希望能学习掌握好这一成果的理论与技术，也希望能从这一成果的研究形成过程中得到启发，学习先生发现问题、研究问题、解决问题的方法。我个人认为这一成果的取得首先是因为在生产实践中发现了传统高产栽培存在的问题——"大肥、大水、大播量、大群体的栽培方式导致穗多、穗小、粒轻，单产徘徊不前或引起倒伏减产"，进而分析问题的成因得出解决问题的技术方法——"在地力、肥力水平条件较好的基础上，适当降低基本苗，依靠分蘖成穗为主，运用综合配套技术，实现穗足、穗大、粒多、粒重、高产"，并在实践中检验技术的可行性、适用性，1976年即在山东省滕县获得亩产617千克（2亩）的高产实绩，创造了当时黄淮平原冬麦一年二作地区小麦单产最高纪录。在进行广泛应用的同时，从群体动态、产量形成特点、光合物质生产与分配、矿质营养吸收与利用等方面深入系统地研究了其理论基础，形成了冬小麦精播、半精播高产栽培理论与技术的完整体系，具有广泛的适应性与实用性。这一成果是理论与实践相结合的典范，其研究方法对我从事作物栽培科学的研究工作有很重要的指导作用，我在工作中也一直在努力学习着这种方法。

2. 向先生学习教学方法

入学时，我也担任着本单位的作物栽培学与耕作学专业的硕士生指导老师，如何培养学生也是我迫切想向先生学习的。先生对学生的指导是很细致的，对课程学习计划的制定要求较高，要我们认真完成规定的学分，并针对我们的特点，对课程学习的具体时间进行调整，一年级以课程学习为主，二年级后以论文研究为主。针对当时博士生的外语水平，为切实提高我们这一届学生的英语听说读写综合能力，先生与其他导师一起争取到学校的特殊支持，在第二学期和第三学期的前半期，花了很大一笔经费将我们这一届博士生全部送到条件很好的北京林业大学外语培训中心脱产学习英语一学期半，全面提高了我们的英语水平，可以说困扰很多学生的外语问题在我们这一届得到了极好的解决，据说我们这一届是唯一全部送出去学英语的一届，我们是幸运的一届。先生当时是博士生作物栽培学专业课的负责人，这门课的教学是很独特的：由上这门课的所有学生轮流讲专题，先生进行讲评，听讲者可以提问讨论，学生必须进行很认真的准备，否则是过不了关的，这对学生是极好的锻炼，同时不同学生讲的专题涉及面非常宽泛，极大地扩大了我们的知识面，十分有助于解决博士生有时存在的知识面过窄的不足。为增强我们的实践能力，先生还不顾年高、不怕劳累，亲自带我们到生产一线考察高产田并到田间测产。先生对学生论文研究的指导也很有特色，先由学生提出选题，他进行审查，要求具有理论上的创新性和实际应用价值，学生要在他的全体在读博士生会上作汇报，详细阐明立题依据、研究目的意义、研究内容、试验方法、预期结果以及经费预算等，稍不认真是通不过的。每学期还要详细汇报研究进展与下一步工作计划。论文初稿送先生审查时，先生看得极认真，每一稿都会有十分详细的修改意见。我的论文是关于籽粒胚乳细胞增殖动态及其生理机制方面的，一开始比较多地用模型进行分析，先生说他曾进行统计方面的研究与教学工作，认为模型只有与解决生产实际问题相结合才有意义，给我以很大启发。我对论文充实了应用性方面的内容，提出了提高粒重的理论依据与途径，先生比较满意后才得以进入申请答辩程序，最后评审专家和答辩委员都给予了较高的评价。没有先生认真细致的指导，我的学业不会如此顺利。先生对教学的认真态度和独特的教学方法一直是我学习的榜样。

3. 向先生学习为师之道

先生待人宽厚真诚，对学生严格要求同时又处处关心呵护。去泰安报名考试时，因先生是全国小麦栽培界的泰斗级大专家，第一次面见先生有敬畏之心，但先生十分平易近人、对我关心备至。让我非常感动的是先生还亲设家宴招待学生，在学期间每次去学校汇报，先生都自己付费请我们这些学生欢聚一次，令我们都十分怀念在山东农业大学跟随先生学习的日子，也让我们这些弟子之间建立了很好的友情。先生在学生取得点滴成绩时也非常开心、鼓励有加，记得1995年先生在扬州参加全国小麦栽培年会时知道我获得当年的江苏省青年科技奖时很高兴，讲了许多祝贺与鼓励的话，至今难忘。先生对学生在毕业后仍然时刻关怀挂念，每次有机会向先生汇报工作时都感受到先生对学生的那种深深的关切之情。这是我们这些目前也是为人之师的人应当好好学习的。

回想以上在先生指导下攻读博士学位期间的往事，深深感到能成为先生的学生之一实在是一种幸运、一种幸福。

（郭文善，余松烈的学生，扬州大学农学院教授、原院长，现为扬州大学农学院党委书记）

温暖美好的记忆

◆ 王梅元

1962年夏天,在山东省农业科学院召开的全省小麦联合试验汇报会上,我与余松烈教授相识。时间过去了近半个世纪。在几十年的交往中,他和蔼可亲、平易近人、生活简朴的品质,治学严谨、从实践中来到实践中去,对事业认真执着的顽强精神,给我留下了许多温暖、美好的记忆。

20世纪70年代末,"文化大革命"的影响还未完全消除,但人心思变,人们开始理智地思考一些实际问题。特别是恢复高考制度、全国科学大会的召开和关于真理标准问题的大讨论,使人们认识到发展生产,不能靠"阶级斗争""大批判",要依靠科学技术。淄博市是工业城市,人多地少,粮食一直不能自给,所以解决吃饭问题,发展粮食生产,是各级领导的希望、广大农民群众的迫切要求。这时,余松烈教授已在滕县的史村、沙土、黄庄等村建立了小麦生产基地,摸到了小麦高产栽培规律。为了学习小麦高产栽培经验,我曾4次去滕县参观学习,有一次在县招待所碰上了余教授。正是麦收时节,天气非常炎热。他蹲在屋檐下阴凉处,一边吃饭,一边与别人交谈,吃的是馒头、咸菜,喝的是稀饭,目睹这一切,使我非常感动,他不像一个学术权威,倒像一个憨厚淳朴、笑容可掬的农民。吃罢早饭,我说明来意,他骑自行车和我一块去黄庄大队看试验。对每项试验,他都给我详细讲解。从试验目的到试验方法、观察记载项目,到最后所用的统计分析方法,一一向我介绍,言传身教,一丝不苟。这时他已50多岁了,在"文化大革命"中受到政治迫害,被错误批斗,剥夺教师权利,但他无怨无悔,坚信科学报国,以顽强的意志,克服种种困难,在农村与农民一起干。

我每次参观学习回来,都向有关领导认真汇报。他们听到余教授解决了小麦高产与倒伏的矛盾，取得了大面积小麦高产，如获至宝，便让我与有关同志去山东农业大学请余教授来淄博传授小麦高产栽培经验。余教授不辞劳苦，不厌其烦，前后几年，曾多次来淄博传授小麦高产栽培技术。每次来回，他从不让接送，火车上非常拥挤，经常是站着来、站着归。他跑遍了淄博小麦主产区的乡镇和小麦高产单位，进行实地考察，调查研究。余教授有低血糖病，每次讲课和外出考察，都带一块馒头，休息时啃几口，大家看在眼里，记在心里，十分感动。余教授经常来淄博，淄博的农业技术干部和小麦高产单位的人员也经常到山东农业大学和滕县参观学习，常来常往，余教授便成了淄博农业战线人们的好朋友、好导师。由于宣传余教授的小麦高产理论，普及小麦高产栽培技术，淄博也出现了一些高产单位。淄川西关二大队、周村新建大队试验队、临淄城关葛家大队，成为普及农业科学技术的领头雁、小麦高产的排头兵，带动全市小麦生产有了长足发展。1979年，全市197.03万亩小麦，平均亩产268千克，是全省小麦单产最高地市。1983年以种植业为主的桓台县划归淄博，给淄博的农业发展增添了活力，也带来了新的压力。市里除增加投入、改变综合生产条件外，重点是普及科学技术，提高科学种田水平。市政府拨专款30万元，各区县配相应资金，组织全市农业知识大奖赛。形成层层比赛、层层选拔、层层发奖的局势，鼓励广大农民群众学农业知识、用先进技术，在全市范围内掀起了学习农业知识的新高潮。"小麦单产发展三阶段"、"精播高产"、"小麦产量由穗数、粒数、粒重三因素组成"、"冬前促，返青控，起身拔节肥水攻"这些专业术语，广为流传。在普及农业知识中，随着农村体制的改革、联产承包责任制的推行，村镇干部又创造性地提出"村村办班，户户受训"，"一家一张明白纸，一户一个明白人"的要求。种田明白纸铺天盖地，村头小黑板比比皆是。技术进了家，家家开红花。原来的高产单位进一步发展，后进单位迅速提高，促进了小麦大面积平衡增产。1989年桓台县唐山镇4.24万亩小麦平均亩产426千克，3.6万亩玉米平均508千克，全年平均亩产1 008.5千克，成为吨粮镇。1990年桓台县39.7万亩小麦平均亩产419千克，38万亩玉米平均亩产611千克，全年平均亩产1 020千克，建成长江以北第一个吨粮县。1997年桓台39万亩小麦，在过去连续高产的基础上，达到亩产504千克，成为山东省第一个小麦单产千斤县。这些成绩的取得，无一不是实践余教授高产栽培理论的结果，余教授是开拓者、领路人。这些已载入淄博的史册，人民将永世不忘。

余教授的小麦高产试验研究，不为试验而试验，不为丰富教材内容而研究，而是始终把农业、农村、农民作为自己工作的立足点，把农村的困难、农业的艰辛、农民的希望作为自己工作的原动力，始终和农民打成一片，把自己视为农村的一员、农民可信赖的朋友。淄川东部属纯山区，农民常年以杂粮为主，很少吃到白面细粮，但那里也有许多土层深厚却无水浇条件的山间平地，适合旱作小麦种植。经余教授精心指导，1996~1997年，东坪镇河洼村1.045亩旱地，亩产小麦694.7千克，黑旺镇也在山间旱地连续5年取得亩产500~684.6千克的高产纪录，为旱地小麦高产栽培树立了样板。

1979年，山东省小麦专家顾问团成立，我被吸收成为其中一员。余松烈教授任团长，顾问团集中了全省教学、科研、推广、生产单位的小麦方面的精英，这是一个非常和谐、强有力的集体。每次集合开会、考察，对余教授富有哲理的讲话、胸怀全局的战略部署、详细的工作安排，每个成员都点头称赞。他心地善良，关心同事；胸襟豁达，艰苦朴素；性格开朗，严于律己；善扬人之长，谅人之短，对工作认真负责，一丝不苟。对学术观点上的分歧，同行之间互相切磋，取长补短，求同存异。大家都为有这样一位领导而欣慰，也深感自身担子的沉重。余教授领着我们开创前人没有做过的事业，解决中国粮食受制于人的问题，解决中国的粮食安全问题，缓解世界粮食危机，这不就是为人类做出了大贡献吗？余教授的无私奉献精神和开创的伟大事业永远激励我们前进。

（王梅元，淄博市农业委员会农艺师，原山东省小麦专家顾问团成员）

言传身教永不忘

◆ 李振声

回顾56年前我在山东农学院学习的时候，余老师给我们讲授遗传与生物统计课的情景，仍然历历在目。余老师对我影响最深刻的有三件事，两件是在学校发生的，一件是在我参加工作后20世纪70年代发生的。

第一，在遗传课考试时，我得过一次高分，这次高分出乎我的意料，所以至今仍记忆犹新。为什么感到意外呢？因为，在考试时，我没有记住书本上的标准答案，而是按照我听课时的体会回答的。当时我感到题答得并不好，考试结果公布后我却得了高分，所以感到意外。这次考试后，我又请教了余老师，受到很大启发，就是读书不能光靠死背，要注重理解，并能用适当的语言表达出来。由此，我不仅懂得了应该怎样读书，而且对遗传学产生了更加浓厚的兴趣，为我以后的工作打下了良好的基础。

第二，我们学习小组的毕业论文是余老师指导的。尹承佾同学是我们的学习小组长，成员有张建民、李华武同学和我，论文的题目是"小麦春化处理方法的研究"。处理的方法有书本上所说的"冰箱低温处理法"，也有中国古老的"七九法"（从"冬至"那天起把冬小麦种子浸泡在井水中，次日清晨取出，在0～5℃环境下阴干，每隔9天处理一次，共处理7次）和"闷麦法"（把萌动的冬小麦种子闷在罐内，埋在有雪覆盖的冻土下，0～5℃下低温处理40～50天），共三种方法。论文的内容现在看来比较简单，但富有启发性，使我们体会到在我国传统农业经验中蕴藏着丰富的科学道理；懂得了做试验在弄清基本的科学道理后，在方法上可以找到"殊途同归"的不同途径；试验全部由我们自己动手操作，培养了我们自力更生开展科研工作的良好学风。

第三，因为和余老师之间具有深厚的感情，在20世纪70年代，我从陕西杨凌到余老师下放的基地（山东滕县）看望了余老师，获得了重要的精神支持。

余老师没有想到我会到滕县去看他，因此师生见面后感到特别亲切。余老师把我带到他的试验田里去看他的小麦试验，这里没有任何设备，也没有任何帮手，余老师自己在小麦分蘖上拴了许多小牌子，每一个小牌子上记录着分蘖发生的日期（包括一级分蘖、二级分蘖……）。看了以后，我感到很惊讶。顿时，产生了一种对余老师的更加崇敬之情！他把宠辱置之度外，一如既往，潜心研究小麦生长发育的规律，构思着小麦的合理群体结构，探索着小麦的增产措施……就是在这些研究的基础上，他设计出了小麦精播试验的技术方案，并于1976年夏在滕县的试验田中创造出亩产638千克的北方冬小麦高产纪录。

当我离开的时候，余老师把我送到村头，直到我走出很远，他才回去。

在我回忆起上述三件事的时候，深感余老师的谆谆教导使我在遗传学方面打下了较好的基础，是余老师在指导我们小组进行毕业论文试验的过程中激发了我对科研的浓厚兴趣，是余老师不计个人名利得失，在逆境中潜心研究、无私奉献的精神给了我克服困难的勇气！回到单位后，我默默地以余老师为榜样，与课题组的同志一起，克服困难，艰苦奋斗，完成了预定科研任务。

我永远不会忘记恩师的厚爱，会牢记余老师的言传身教，继续努力工作，争取为我国的粮食增产做出新贡献。再次谢谢您，余老师！

（李振声，中国科学院遗传与发育生物学研究所研究员，中国科学院院士，2006年国家最高科学技术奖获得者，曾任中国科学院副院长）

余松烈践行乡村振兴战略的照片

践行乡村振兴战略，坚守农村科学研究

1974年，余松烈到滕县农村蹲点，联系生产实际，开展小麦精播高产栽培试验。在学校和滕县干部群众支持下，创办滕县"五七"农大，培训农村科技青年，同时连续在22个大队开展小麦精播高产试验，在全县推广小麦良种良法配套栽培技术。经过5年试验，研究创立了小麦产量发展三阶段理论，提出了小麦生长与环境、群体与个体、植株源与库等矛盾是小麦产量发展中的三对主要矛盾，阐明了小麦低产变中产、中产变高产和高产更高产三阶段各自的主要矛盾、限制因子和技术途径，创立了冬小麦精播高产栽培理论与技术，创造了小麦亩产638千克的全国高产纪录。余松烈的"冬小麦高产栽培的理论分析"研究成果，1978年获全国科学大会奖。

▲ 1966年5月，余松烈（右二）在肥城汶阳镇砖西村麦田调查，了解小麦生产情况

▲ 1974年，余松烈（左二）和他的农民学生刘希运（右二）、黄有银（左一）、侯成涛（右一）在滕县开始研究冬小麦精播高产栽培技术

▲ 1975年，余松烈为滕县"五七"农大学员讲课

▲ 1975年，余松烈在滕县农村为农民授课

▲ 1975年1月，余松烈为滕县"五七"农大学员授课

▲ 1976年，余松烈（中）与滕县"五七"农大副校长张立人（右一）、教师甘宜敬（左一）在龙阳公社沙土大队合影

▲ 1976年,余松烈(二排中)带领滕县小麦考察团参观洛阳农业科学研究所时,在洛阳火车站合影

▲ 1976年1月，余松烈（二排左六）与滕县"五七"农大小麦班第一届师生合影。二排右五为副校长张立人，左五为副校长王子奇

▲ 1976年7月，余松烈（三排左五）与沙土大队科技队成员及滕县"五七"农大教师合影

▲ 1976年春,余松烈(左一)在泰安郊区马庄镇麦田考察小麦苗情

▲ 1976年冬,滕县科委农业组长商化元(右)向余松烈(左)汇报小麦高产竞赛进展情况

▲ 1977年7月,余松烈(前排左十)与滕县"五七"农大第二届学员及教师合影

▲ 1978年3月29日,滕县"五七"农大第三届学员师生合影

▲ 1981年，余松烈（前排右二）在枣庄市峄城区考察

▲ 1990年，余松烈（前排中）到滕州考察，与滕州市副市长程广泉（左四）、原"五七"农大校长张立人（右四）等老朋友合影

▲ 1994年10月19日，余松烈在滕州市级索镇淤庄村精播高产栽培麦田察看小麦苗情

▲ 1994年12月13日，余松烈和他的学生袁东峰（右二）、王其金（右一）、董庆裕（左一）在小麦田间

▲ 1994年至2000年，余松烈在滕州级索镇农科所居住过的平房

▲ 1994年至2000年，余松烈在滕州级索镇使用过的桌椅

▲ 1995年12月,余松烈在滕州市察看小麦苗情

▲ 1996年10月3日,余松烈在小麦秋播现场向农民了解小麦精播机的使用情况

▲ 1996年10月3日，余松烈在滕州指导小麦秋播

▲ 1996年10月3日，余松烈在滕州指导小麦秋播

▲ 1996年10月29日，余松烈在滕州麦田考察

▲ 1997年6月，余松烈在滕州麦田考察

▲ 1997年11月，余松烈在滕州市鲍沟镇小麦科技示范园考察

▲ 1998年3月，在滕州鲍沟镇小麦田间，余松烈与专业人员研究小麦深耕断根机使用技术

热心传授农业技术，指导农民科学种田

情系农业，心系农民，和农民兄弟心连心，全心全意为农民服务，是余松烈几十年工作的理想和追求。1974年至1978年，余松烈扎根农村，与滕县农民一起研究推广小麦精播高产栽培技术，促进了全县小麦大幅度高产。1994年至2009年，余松烈又回到滕州农民中间，走访农家，考察麦田，指导农民建立起了"'1，2，5'一圃三田"小麦良种繁育基地，带动滕州乃至全省实现了小麦良种产业化。

余松烈对滕州农业的贡献，滕州人民看在眼里，记在心里，他们用自己独特的方式表达对农业科学家的尊重和爱戴。1996年6月，滕州农民把一枚"科教兴农功勋卓著"的丰收金质奖章授予余松烈；2006年9月，滕州人民自发编写的《余松烈院士在滕州》一书出版。

◀ 1996年6月，滕州农民授予余松烈的科技兴农功勋卓著"丰收"勋章

▲ 1996年6月，余松烈出席滕州农民为其举办的授勋活动

◀ 1996年6月，余松烈发表获奖感言

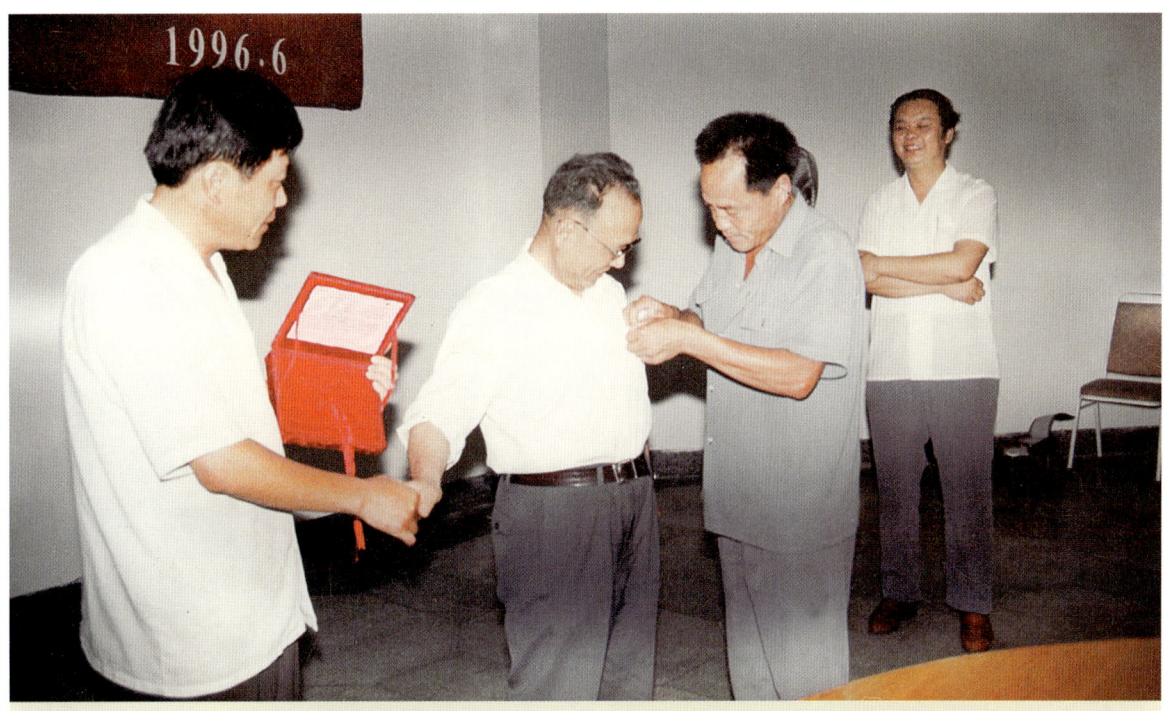

▲ 1996年6月26日，滕州市农民王其金（左）、韩敬田（右二）代表全市120万农民向余松烈授勋，将一枚39.8克的金质"丰收"勋章佩戴在余松烈胸前

▲ 1998年5月4日,余松烈在麦田与农民亲切交谈

▲ 1998年5月5日,余松烈在滕州级索镇麦田向农民讲授小麦高产栽培技术

▲ 1998年5月5日,余松烈在滕州级索镇山东农业大学教学科研基地为农民授课

▲ 1998年9月26日,余松烈到农民家中走访

▲ 2005年5月,余松烈到农民家中作客

▲ 2005年5月,在农民家中,余松烈和农民一起品尝新出笼的蒸包

▲2005年11月10日,余松烈与滕县原农业局长、"五七"农大校长杨列云(右二)亲切握手,老朋友相见激动得说不出话来

▲级索村村民把余松烈当亲人,2006年5月24日,听说余松烈来了,村民们热情迎接

▲ 2006年5月24日，余松烈来到级索村，两位农民握着他的手久久不放

▲ 2006年5月24日，余松烈与级索村村民亲切握手

▲ 2006年5月24日，余松烈和滕州农民在一起

▲ 2006年5月24日，余松烈在麦田考察

▲ 2006年10月31日，余松烈获赠《余松烈院士在滕州》一书

▲ 2006年10月31日，余松烈出席《余松烈院士在滕州》首发式

▲ 2007年2月11日,余松烈获滕州十大风云人物特殊奖,滕州市副市长刘希运(右)为余松烈颁奖

理论与实践相结合,创立高产栽培技术

1980年余松烈担任山东省小麦专家顾问团团长,1988年被聘为农业部小麦专家顾问组成员,1995年担任山东省农业良种产业化开发("三〇工程")小麦课题首席专家。从此开始,余松烈科技服务的范围由滕县扩大到全省和我国冬小麦产区,足迹从鲁西平原到胶东半岛,从黄淮海麦区到西部小麦产区,推广小麦精播高产栽培技术,为我国小麦高产跨越发展做出了重要贡献。

余松烈担任山东省小麦专家顾问团团长24年,担任山东省小麦良种产业化开发课题首席专家5年。他团结带领全省小麦科技工作者,从小麦新品种选育和繁育、精播高产技术推广、精播机研制入手,培育滕州高产典型,抓点带面,在48个县开花结果,带动了全省小麦大幅度增产。1997年山东小麦播种面积6 059万亩,总产224.3亿千克,平均亩产370千克,比1979年的平均亩产170千克高出200千克。这其中,凝聚着余松烈和全省小麦科技工作者的心血与汗水。

▲ 1979年，余松烈（右二）在山东平原县考察麦田

▲ 1980年1月，余松烈带领山东省小麦专家顾问团成员对全省小麦进行检查，顾问团成员在曲阜大成殿前合影，前排右二为余松烈

▲ 1981年6月6日，余松烈与参加全国农技站长训练班全体师生合影

▲ 1982年6月22日，余松烈（二排左六）在北方十五省市农技站长训练班结业时与学员合影

▲ 1983年，余松烈（前排右二）被聘为农业部专家顾问组成员，后排从左至右为苗果园、郭绍铮、刘应祥、赵洪璋、诸德辉

▲ 1986年8月，余松烈（中）在甘肃省考察小麦

▲ 1992年4月，李晴祺（左一）、杨景林（左三）在滕州

▲ 1992年4月，余松烈（前排右五）在成都与出席全国小麦高产技术研讨会的代表合影

▲ 1995年4月，余松烈、滕州市市长张冠中（左一）、董庆裕（右三）在级索镇麦田考察

◀ 1995年11月，余松烈在滕州考察麦田

▶ 1996年，余松烈在山东鄄城考察麦田

▲ 1996年12月28日，余松烈与小麦专家考察苗情

▲ 1997年5月，余松烈在河南洛阳考察小麦

▲ 1997年5月，余松烈在滕州级索村麦田考察，向王其金了解有关情况

▲ 1997年5月，余松烈在考察级索镇麦田后听取情况汇报

◀ 1997年5月，余松烈在滕州级索镇麦田考察

▲ 1997年5月,在山东农业大学党委书记盖国强(右二)陪同下,余松烈来到莱芜市方下镇考察小麦

◀ 1997年5月19日,余松烈、尹承佾(中)、徐沛然(右)在滕州出席黄淮江汉小麦高产研讨会

◀ 1997年5月19日，余松烈在滕州麦田考察

▲ 1997年5月31日，山东省"三O工程"小麦专家考察团合影，前排右二起为赵君实、孙兰珍、尹承俏、余松烈、徐沛然、吴敏楚、王洪刚、余亚勉

▲ 1998年1月，枣庄市农业局长颜景安（左一）跷起大拇指对余松烈说："滕州农业的发展与辉煌您功不可没！"

▲ 1998年2月9日，余松烈在滕州鲍沟镇麦田考察

▲ 1998年2月9日，余松烈在滕州麦田考察

▲ 1998年5月4日，余松烈在滕州级索村麦田考察

◀ 1998年5月4日,余松烈与北京市农业科学院小麦专家诸德辉(左)在级索村示范田亲切交谈

▲ 1998年5月5日,余松烈出席小麦高产研讨会时考察滕州级索村麦田

▲ 1998年5月5日,余松烈与省小麦专家徐沛然(右二)、赵君实(右一)等在滕州级索镇麦田考察

▲ 1998年5月5日,余松烈与出席小麦高产研讨会的专家合影,自左至右依次为孙兰珍、陈雨海、尹承佾、赵君实、余松烈、于振文、徐沛然、吴敏楚

▲ 1998年5月13日，余松烈与小麦专家赵君实、刘殿英（右二）等在滕州级索镇麦田合影

▲ 1998年6月28日，余松烈与山东省副省长邵桂芳、山东农业大学党委书记盖国强、校长冯承明等出席山东省小麦工程技术研究中心成立大会

▲ 1998年7月,余松烈与原山东省政协主席、小麦专家陆懋曾(左一)出席小麦会议

▲ 1998年12月11日,余松烈考察小麦深耕断根情况

▲ 1998年12月26日，余松烈在滕州麦田考察

▲ 1999年9月2日，余松烈与出席山东省"三〇工程"优质小麦良种繁育会议的专家合影

▲ 1999年9月2日，余松烈、于振文（左一）出席山东省"三O工程"优质小麦良种繁育会议

▲ 1999年12月16日，余松烈在级索镇麦田考察

▶ 1999年12月18日，余松烈在滕州麦田考察

▲ 1999年12月25日，余松烈出席山东省小麦专家顾问团二十周年纪念会

▲ 2000年4月,余松烈与滕州市市长张冠中(左三)等领导一起,考察级索镇小麦高产展示田

◀ 2000年5月,余松烈与董庆裕(左)在小麦新品种93-52示范田观察小麦单株性状

▲ 2000年6月,余松烈主持召开山东省"三○工程"优质小麦高产示范会议

▲ 2001年5月,余松烈在山东平阴县考察麦田

▲ 2001年12月11日，余松烈在滕州麦田考察

▲ 2004年3月30日，余松烈在滕州姜屯镇考察麦田

▲ 2004年5月,余松烈、董庆裕(右二)在枣庄市山亭区农业局局长张学全(左)、副局长刘冠刚陪同下考察20+40小麦种植模式样板田

▲ 2004年5月26日,余松烈在麦田考察

▲ 2004年10月5日,余松烈与束怀瑞院士(右一)、印象初院士(左一)、山东农业大学党委书记盖国强(左二)考察东营市盐生植物园

▲ 2004年10月5日,余松烈在东营市考察生态农业

▲ 2004年10月6日，余松烈出席东营市人民政府、山东农业大学农业科技合作座谈会

▲ 2004年12月17日，余松烈在滕州麦田考察

▲ 2005年10月7日，余松烈、束怀瑞（右一）在枣庄市山亭区果园考察

▲ 2005年10月8日，余松烈、束怀瑞、盖国强出席枣庄市高新技术成果博览会

▲ 2005年11月11日，余松烈在刘希运、黄有惠陪同下考察滕州小麦苗情

▲ 2005年12月，余松烈考察小麦冬前分蘖情况

▲ 余松烈在思考小麦超高产栽培技术

倡导加强实践教学，培养现代创新人才

余松烈把教书育人、培养高层次科技创新人才放在首位。他坚持理论联系实际，把农业生产中的难点当作科研的重点，向生产学习，向农民学习，在实践中不断丰富和充实书本理论。他坚持教学、科研、生产三结合的办学理念，重视生产实践，重视科学试验，重视实践教学，积极探索校本部—校内教学基地—校外教学基地"三段培养"模式，在实践中培养学生的创新精神和服务生产的能力。他治学严谨，精益求精，对学生的生产试验和论文撰写的要求一丝不苟；同时他又爱生如子，从生活和情感上帮助学生，以身作则，言传身教，教育学生如何做人、做事、做学问。

▲ 1991年,余松烈在家中备课

▲ 1995年,余松烈在指导博士生进行科研工作

▲ 1995年3月，余松烈在滕州麦田考察

▲ 1995年秋，余松烈、于振文（右）在滕州考察

▲ 1996年春，余松烈带领博士生弟子们春游泰山

◀ 1996年7月，王振林（左）和他的导师余松烈在博士学位授予仪式上合影

▲ 1997年3月27日，山东农业大学实践教学科研示范基地在滕州级索镇建立

▶ 2000年，余松烈和获得奖学金的本科生在一起

▲ 2000年4月，余松烈和他的学生在麦田考察

◀ 2000年4月，余松烈与助手董庆裕在滕州麦田考察

▲ 2000年5月,余松烈带领研究生在滕州麦田考察,右三为中国工程院院士于振文

▲ 2000年6月,余松烈与他的学生、中国科学院副院长、中国科学院院士李振声(中)在麦田亲切交谈,右为山东农业大学校长温孚江

▲ 2001年3月13日，庆祝余松烈八十寿诞会场

▲ 2001年3月13日，余松烈与出席其八十寿诞活动的枣庄弟子合影

▲ 2001年3月13日，余松烈与出席其八十寿诞活动的滕州弟子合影

▲ 2001年5月，余松烈与本年度优秀博士、硕士论文获奖者合影，左三为王振林，右三为陈雨海

▲ 2004年,余松烈在审阅博士生论文

▲ 2004年6月19日,余松烈与出席博士论文答辩会的导师们合影

▲ 2005年3月4日，余松烈与省人事厅负责人在山东省农林水高校毕业生就业市场招聘会现场亲切交谈

▼ 2005年10月2日，余松烈（前排中）及农学院老教师与农学八五届本科生毕业二十周年聚会合影，前排自左至右依次为贺明荣、房爱理、王合新、邢金亮、李凤英、刘殿英、孙兰珍、卢庆荣、杨景林、董树亭、余松烈、施培、李晴祺、金留福、李凤超、傅焕延、冷寿慈、王洪刚、李增嘉、赵延兵、王淮钟

▲ 2006年5月24日,余松烈在滕州

▲ 2006年6月,余松烈与作物栽培学国家精品课程建设团队成员合影

▲ 2006年6月，作物栽培学与耕作学国家重点学科人员合影，余松烈、于振文（前排右三）参会

▲ 2006年8月29日，余松烈、束怀瑞（右三）、印象初（左四）出席山东农业大学百年校史展剪彩仪式

▲ 2007年，于振文当选中国工程院院士后看望老师余松烈（杨宇摄影）

▲ 2007年9月5日，余松烈出席山东农业大学教师节暨学风建设座谈会

▲ 2008年7月21日,余松烈、于振文出席学校科技创新会议后离开会场

▲ 2010年,余松烈九十寿辰时学生前来看望祝寿(杨宇 摄影)

▲ 2010年6月12日，董庆裕、田奇卓到家中看望余松烈

▲ 2010年6月12日，黄有惠（右）、孔德贵（左）到家中看望余松烈

▲ 2011年3月19日，余松烈与前来祝贺九十寿诞的学生在家中合影

◀ 2011年3月19日，余松烈接受学生封超年（右）献花祝寿

▶ 2011年3月19日，余松烈接受学生王振林（右）献花祝寿

◀ 2011年3月19日，余松烈与于振文院士（右）合影

▲ 2011年5月7日，全国小麦高产观摩会在滕州市级索镇召开

▲ 2012年9月14日，中国科学院院士李振声（左）专程看望老师余松烈

不忘初心，牢记使命

2005年之后，步入耄耋之年的余松烈，仍不忘初心，牢记使命，时刻惦记着小麦高产，惦记着国家粮食安全。他根据玉米秸秆还田后小麦精播机播种过程中出现的壅土壅草、播种量不均匀的问题，提出要研制新的小麦宽幅播种机，推广新的小麦宽幅精播高产栽培技术，并将小麦亩产800千克作为奋斗目标。

余松烈和他的助手亲自进行小麦高产攻关试验，在滕州级索镇千佛阁村和泰安岱岳区马庄镇大寺村建立高产攻关田，2009年在滕州创造了亩产789.9千克的高产纪录。2010年和2011年6月，九旬高龄的余松烈拄着拐杖连续两年到大寺村高产攻关田考察，提出亩产800千克的目标。2013年3月，在泰山疗养院他对前来看望他的省农业厅领导提出，希望支持学校和省内小麦科技人员实现这一目标。他给农学院领导和他的博士毕业生们写信，叮嘱他们做好小麦亩产800千克的高产攻关试验。

▲ 2005年10月16日,余松烈与山东理工大学校长、中国工程院院士姚福生(左一)在田间探讨小麦精播机使用技术

▲ 2006年5月24日,余松烈和他的农民学生、枣庄种子管理站站长孔德贵(左)、滕州市科技局副局长黄有惠(右)在滕州麦田考察

▲ 2006年5月24日，余松烈在级索镇党委书记李广宪（右）、镇长李春英（左）陪同下考察麦田

▲ 2006年5月24日，余松烈与滕州市科技局副局长黄有惠一起考察麦田

▲ 2006年5月24日，余松烈在田间为滕州农民和山东农业大学师生授课

◄ 2006年5月24日，余松烈在滕州麦田考察小麦穗粒数

▲ 2006年5月24日，余松烈在滕州麦田考察

▲ 2006年5月，余松烈与枣庄市种子管理站站长、研究员孔德贵（左）在田间研究小麦发育情况

▲ 2006年8月29日，余松烈与印象初院士（右一）、束怀瑞院士（左一）、原山东农业大学校长施培一起参观百年校庆展览

▲ 2006年10月31日，余松烈来到滕州级索镇麦田考察

▲ 2008年6月11日，余松烈出席滕州小麦高产创建会时与科技人员合影

▲ 2008年11月4日，余松烈考察滕州麦田

▲ 2009年，余松烈在郓城工力公司研究山东农业大学与郓城工力公司联合研制的小麦宽幅精播机

▲ 2010年6月1日，余松烈在泰安岱岳区马庄小麦高产攻关田考察

▲ 2010年,余松烈考察德州临邑富民合作社

▲ 2010年,余松烈在德州禹城市指导小麦生产

▲ 2010年，余松烈在中国科学院禹城实验站指导青年专家

▲ 2011年6月1日，余松烈在女儿余亚勉（右二）陪同下最后一次现场考察麦田

▲ 2011年，余松烈在德州市平原县指导小麦生产（1）

▲ 2011年，余松烈在德州市平原县指导小麦生产（2）

▲ 2012年7月18日，余松烈在青岛疗养院仔细研读访谈提纲

▲ 2012年7月19日，余松烈在青岛疗养院接受访谈

▲ 2012年7月20日,余松烈在烟台福山宾馆与小麦育种专家徐沛然(左)亲切交谈

▲ 2012年7月20日,余松烈在烟台福山宾馆与小麦专家吴敏楚(左)亲切交谈

▲ 2012年7月22日，余松烈讲述20世纪90年代山东小麦精播高产栽培技术推广的情况

▲ 2012年7月22日，余松烈接受访谈

▲ 2013年3月15日,山东省农业厅领导专程看望余松烈,祝贺其93岁华诞。自左至右为赵延兵(农学院党委书记)、姜卫良(农业厅科教处处长)、余松烈、王登启(农业厅副厅长)、曲召令(农业厅技术推广站站长)、张春庆(农学院院长)

▲ 2013年3月15日,余松烈与王登启(右)、姜卫良(左)谈小麦高产田创建

▲ 2013年3月15日,余松烈在泰山疗养院